农村宅基地知识一本通

《农村宅基地知识一本通》编写组　编

中国农业出版社

北　京

《农村宅基地知识一本通》

编写人员名单

主　　编　　金文成

副 主 编　　刘爱芳　　甘仕荣

编写人员　　王庆宁　　吕　睿
　　　　　　刘俊杰

编 写 说 明

宅基地是农民最基本的生产生活资料,"一户一宅"、户有所居是我国宅基地的基本政策。随着我国城镇化进程的稳步推进,不少农民举家进城务工,通过多种方式在城市定居,他们的宅基地和住房仍在农村,农民不愿也不想轻易放弃。但该如何处置,很多农民不知道,搞不好,就会造成大量宅基地闲置甚至荒废。有的卖给城里人,有的租给企业,有的自行改造升级……但一些农民群众对相关法律法规政策不清楚,操作不规范,埋下许多纠纷隐患,甚至带来不必要的损失。此外,一些城里人具有浓厚的乡土情结,希望能够在退休后回归农村,觅一处小院,种种菜、养养鸡,过田园生活,农村闲置宅基地成为他们实现田园生活的首选,但政策是否允许,如何才是正确的操作路径,往往无从知晓。

本书以问题为导向,从实际出发,用生动鲜明的典型案例帮助读者理解农村宅基地相关知识,通过以案释法、政策问答、权威解答等形式为广大读者提供宅基地相关政策法规的全面指引,以解广大读者心中困惑。本书虽是一本小册子,但内容丰富,为了便于理解,部分内容还绘制了形象的插图,使全书通俗易读。鉴于篇幅所限,有关宅基地的地方性政策法规未收入本书,在实际使用本书的过程中,读者朋友们可能需要查阅更细化的地方规定。

在本书编写过程中得到了农业农村部农村经济研究中心

的支持并审阅了全书，提出许多有益建议。

宅基地使用权是农民实现"居者有其屋"的核心身份权利，合理合法地使用这项权利方能实现其最大效用，切莫乱用滥用，给自身带来麻烦。囿于时间和编著者的水平，本书难免有挂一漏万不足之处，有细心的读者朋友发现后，恳请不吝批评指正，方便我们更好地完善内容，谢谢！

《农村宅基地知识一本通》编写组

2021 年 1 月

目录

第三章 | 主管部门对农村宅基地使用和管理的权威解答 / 69

第一节 农村乱占耕地建房"八不准" / 69

**第二节 主管部门关于农村宅基地、闲置
用地的 11 条答复** / 71

第四章 | 农村宅基地相关政策法规 / 93

第一节　法律法规 / 93

CHAPTER1 第一章
农村宅基地典型案例解析

案例一、
原有宅基地灭失怎么办
—— 元村村民任小强重建房屋记

 （一）事件回放 >>>

　　元村村民任小强这些天一直在忙着一件事儿：建房。自从2020年6月份发生的泥石流将自家祖宅冲毁以后，老任心里就一直惦记着这件事。一家四口老住在安置帐篷里不是个事儿，毕竟只是个临时住所，有自己的房子才踏实。

　　老任向村主任韩天德递交了书面申请，申请书上写道：

　　我叫任小强，本村八组人，身份证号＊＊＊＊。家里有四口人（在一个户口本上）：女儿任岚，身份证号＊＊＊＊；儿子任军，身份证号＊＊＊＊；媳妇李秋然，身份证号＊＊＊＊。因今年6月发生泥石流自然灾害将祖宅冲毁，原有宅基地灭失无法建房，现申请宅基地120平方米，在村西头的荒地上建房，望得到批准。

申请人（户主）任小强

2020年8月18日

韩天德是去年刚选出来的村主任，他待人热忱，对大家伙儿的事特上心。韩天德收下了申请书，对老任说："老任，你们家应该是符合建房条件的，早该提交申请建新房了。"并告诉老任提交一份户口簿的复印件，把首页、户主页和成员页以及变更页都印上，最好把原件也拿过来，村委会好审查、张榜公示和报乡上、县上批准。

老任当天晚上将材料补齐交给韩天德，韩天德第二天召集村委会成员开了个会，专题审议老任的建房申请。大家的意见是：老任一家完全符合申请建房的条件，只是老任的情况有些特殊，他们家不能在原有宅基地上翻建，而需要新批一块宅基地，这个村里报乡里、乡里报县里一级一级批，审批时间要长些。韩天德说，我们尽量压缩在村里的审核时间，在老任所在的村小组八组张榜公示满7天后立即出具审查意见，我跑一趟报到乡里，跟乡里说明老任的特殊情况，让他们也批快些。大家都认为这个主意好。

对因自然灾害等原因失去宅基地的村民，应当依法重新分配宅基地

2020 年 8 月 27 日，公示期一满，韩天德一天都没耽误，马不停蹄地找到主管农村宅基地申请审核的副乡长王罗明，递交材料，当面向他说明老任家的情况。王副乡长一听老任一家住在帐篷里快仨月了，说这怎么行，得尽快解决。他现场办公，直接打电话给规划所和国土所的负责人，要求他们派人于 8 月 28 日到元村踏勘。

乡政府组成的现场踏勘组先翻阅了相关地籍文书材料，然后到元村西头查看土地的现实情况，并走访了部分村民，确认该块荒地系未利用地，非耕地，属于村内空闲地；经审查，老任的申请无论在地块的选择还是在面积大小方面均符合要求（当地规定宅基地占用村内空闲地每户不得超过 150 平方米，一般按照人均不超过 30 平方米审批）。随后，乡政府在 7 个工作日内为老任填写了《农村村民建房审批表》和《个人建房用地呈报表》。村里再次对此进行了公示后，乡政府为老任出具了《乡村建设规划许可证》和《农村宅基地批准书》。

老任到乡上领取建房批准手续时，规划所负责人专门叮嘱老任：建房不要超过三层，建筑面积不要超过 350 平方米。老任连连点头，说放心吧，一家四口用不着建那么大！

这一天是 9 月 30 日，明天就是国庆节的大日子了。拿到手续的老任十分高兴，平时只喝一两口杯的酒，这天多喝了一杯。老任心想，虽然村西头的荒地不如原先祖宅所在地上风上水，倒也平整；120 平方米的宅基地，这么大的面积，建两层楼房肯定够一家人住了。十一国庆乡上有集，他买了建筑材料，招呼乡里的建筑队，当天按照乡里和村上联合放线定界的位置打起了地基。

日子一天天过去，每天忙得脚不沾地的老任休息时喜欢一边叼着烟，一边绕着新房散步。看着逐渐垒起来的楼房，老任眼里的光更亮了。

"房子建好后，得去办个大红本（产权证）！有大红本才更放心哩！"老任思忖。

三个月后，老任的房子建好了。老任让上高中的女儿用手机给房子拍了照，录了视频并报送给乡政府。乡政府派人和村里一块到老任的新房子里祝贺新居落成，顺便核查新居是否符合规划和用地要求，当场给老任办理了房屋竣工验收手续。

老任挑了个黄道吉日，带着一堆材料（包括身份证、登记申请、批准建房和房屋竣工验收手续等）亲自到县里的不动产登记中心办理产权证。窗口的小姑娘接收材料后，头也没抬，5 分钟后给了老任一张书面受理通知，说："叔叔您家的材料很齐全，不需要补什么材料。您留个电话吧，如果办好了，30 个工作日内会电话通知您来领'大红本'。"老任心都要跳出来了，之前听人讲登记这事儿可费神了，没想到这么简单。

更令老任开心的事还在后面。离过年还有 3 天，老任接到一个陌生座机打来的电话，问："您是任小强先生吗，我们这边是县不动产登记中心的，您的产权证办好了，您方便的时候带身份证过来领取。"老任握着电话，就像握着个宝贝似的，一口一个好，不住地点头。

拿回大红本，欢欢喜喜过大年。这种事儿放谁头上都足以令人喜出望外。

 （二）案例要点 >>>

1. 原有宅基地灭失是否可重新分配？

答：应当重新分配。

2. 重新申请宅基地使用权的程序是什么？

答：一般而言，具体的程序为：

村民以户为单位向村（居）委会提出申请→初步审查后公示出具审查意见→报乡（镇）审核→组织乡规划、国土和村（居）委会完成现场踏勘，符合要求则填写《农村村民建房审批表》和《个人建房用地呈报表》（不符合要求会书面说明理由）→完成审查，出具审核意见→委托乡（镇）政府审批的（需要县政府规划、国土部门审批的则在报批后），乡（镇）政府核发《乡村建设规划许可证》和《建设用地批准书》。

3. 宅基地面积的标准是多少？

答：一般人均不超过 30 平方米，每户不超过 3 人的按 3 人审批，每户 4 人的按 4 人审批，超过 5 人的按 5 人审批。具体需按照各省（直辖市、自治区）规定的标准确定。

4. 住宅建好后如何申请办理不动产权证？

答：报送房屋图像等材料→乡（镇）政府现场核查，办理竣工验收手续→带齐身份证明、建房审批证明和竣工验收证明等材料到当地不动产登记中心申请→不动产登记中心出具书面受理通知或者一次性告知需要补正的材料→30 个工作日内办结登记手续，并发放不动产权证或登记证明。

（三）有法可依 >>>

1.《中华人民共和国民法典》（以下简称《民法典》）第三百六十四条规定：宅基地因自然灾害等原因灭失的，宅基地使用权消灭。对失去宅基地的村民，应当依法重新分配宅基地。

释义：自然灾害包括地震、泥石流、台风、洪水等；灭失就是实体毁灭消失，无法使用。应当依法重新分配宅基地，指的是当地集体经济组织和乡镇一级政府有职责依法为失去宅基地的农户重新分配宅基地，保障民有所居。

核心主旨：宅基地使用权消灭的前提，是宅基地必须因为自然灾害灭失，其他原因不在此列；对于符合该要求的村民，当地自治组织和基层政府有职责依法重新分配宅基地。

2. 农业农村部、自然资源部《关于规范农村宅基地审批管理的通知》（农经发〔2019〕6 号）规定，依法规范农村宅基地审批和建房规划许可管理。

明确申请审查程序。符合宅基地申请条件的农户，以户为单位向所在村民小组提出宅基地和建房（规划许可）书面申请。村民小组收到申请后，应提交村民小组会议讨论，并将申请理由、拟用地位置和面积、拟建房层高和面积等情况在本小组范围内公示。公示无异议或异议不成立的，村民小组将农户申请、村民小组会议记录等材料交村集体经济组织或村民委员会（以下简称村级组织）审查。村级组织重点审查提交的材料是否真实有效、拟用地建房是否符合村庄规划、是否征求了用地建房相邻权利人意见等。审查通过的，由村级组织签署意见，报送乡镇政府。没有分设村民小组或宅基地和建房申请等事项已统一由村级组织办理的，农户直接向村级组织提出申请，经村民代表会议讨论通过并在本集体经济组织范围内公示后，由村级组织签署意见，报送乡镇政府。

完善审核批准机制。市、县人民政府有关部门要加强对宅基地审批和建房规划许可有关工作的指导，乡镇政府要探索建立一个窗口对外受理、多部门内部联动运行的农村宅基地用地建房联审联办制度，方便农民群众办事。公布办理流程和要件，明确农业农村、自然资源等有关部门在材料审核、现场勘查等各环节的工作职责和办理期限。审批工作中，农业农村部门负责审查申请人是否符合申请条件、拟用地是否符合宅基地合理布局要求和面积标准、宅基地和建房（规划许可）申请是否经过村组审核公示等，并综合各有关部门意见提出审批建议。自然资源部门负责审查用地建房是否符合国土空间规划、用途管制要求，其中涉及占用农用地的，应在办理农用地转用审批手续后，核发乡村建设规划许可证；在乡、村庄规划区内使用原有宅基地进行农村村民住宅建设的，可按照本省（区、市）有关规定办理规划许可。涉及林业、水利、电力等部门的要及时征求意见。根据各部门联审结果，由乡镇政府对农民宅基地申请进行审批，出具《农村宅基地批准书》，鼓励地方将乡村建设规划许可证由乡镇一并发放，并以适当方式公开。乡镇要建立宅基地用地建房审批管理台账，有关资料归档留存，并及时将审批情况报县级农业农村、自然资源等部门备案。

释义：村民需要使用宅基地时，需以户为单位，先向村集体经济组织（一般是村委会）申请，讨论同意后张榜公示，然后报所属乡（镇）审核批准，审批后还需公示。

核心主旨： 宅基地的使用需要经申请、公示、审批、公布。

3.《中华人民共和国土地管理法》（以下简称《土地管理法》）第六十二条规定，农村村民一户只能拥有一处宅基地，其宅基地的面积不得超过省、自治区、直辖市规定的标准。

释义： 户口在农村的村民才有资格申请宅基地，而且须以户为单位持有，一户一处宅基地，不得多占；宅基地面积根据各省、直辖市、自治区出台的标准确定，具体标准各地不一，小的可能不到 100 平方米，大的可能超过 200 平方米，一般根据户人口数、土地类别来审批。

核心主旨： 一户一宅基地，具体面积各个省级行政区标准不一。

4. 依据《不动产登记暂行条例》第五条、第十四条、第十五条、第十六条等相关规定，村民在新房建好后可向不动产登记机构提交相关材料，单方申请不动产登记，不动产登记机构应依法进行登记。

释义： 新房竣工申请不动产登记属于单方申请，需主动申请并提交登记申请、身份证明、竣工验收和建房审批等材料。不动产登记机构应在 30 个工作日内办结登记，并发放权属证明文书。

核心主旨： 登记材料齐全的情况下，不动产登记机构应依法登记；不齐全，应一次性告知需要补充的材料以便再行登记；办结登记后，不动产登记机构应发放权属证明文书。

（四）关键点拨 >>>

1. 原宅基地因自然灾害灭失时，可向自身所在的集体经济组织申请宅基地建房。

2. 无论是原有宅基地灭失建新房，还是拆掉旧房翻建新房，都需要提交申请后再建。

3. 一定要按照批准的面积建房，切忌超出。

4. 建完新房后，要及时向不动产登记机构申请不动产权证。

5. 2015 年 3 月 1 日起，土地使用权证和房产证二证合一，成为现在的不动产权证。

案例二、

宅基地上的房屋可以卖吗
—— 新城里人李军卖房二三事

 （一）事件回放 >>>

李军最近喜忧参半。喜的是自己在县城买了房落了户，由农村人变成了真正的城里人；忧的是之前在王庄村宅基地上盖的三间平房不知该如何处理。虽说在三年前对村里的平房前前后后进行了新装修，但毕竟这老房子建成近 15 年了，卖给别人很难卖个好价钱，不卖吧又没人打理。自己和老伴贺娜唯一的女儿李秋燕在省城上完大学后回到县城，工作 3 年后和高中同学李鹏结了婚。李鹏父母去世得早，现在小夫妻的儿子出生后没人照顾，请保姆又不太放心，只好让李军老两口过来。夫妻俩张罗着给爹妈在县城自己家附近买了房，两家互相有个照应，看孩子也很方便。

李军和贺娜自然很乐意，一家人在一起和和美美，天天抱着小外孙乐得合不拢嘴。但老家的房子怎么处置呢？老这么空着也不是个事儿。想保留这块宅基地吧，房子没人打理，所处的位置也不是什么交通枢纽、风水宝地，出租不好租，找人来看管还得往里搭钱。卖给别人，城里人没有资格买，只能卖给本村的无房户；可村里几乎家家都有房。

李军没了主意，贺娜提醒他，要不去找找村委会主任王全山，村里的情况他最清楚。李军想想老伴说得对，老王干了 10 多年，村里的家长里短没有他不知道的，找他兴许有门路。李军拿上女婿李鹏上次送的两瓶二锅头，专门抽出一天从县上赶到王主任家里吃中午饭。话匣子打开，李军提到，他现在虽然到了城里，但村里的老房子空在那儿，不知该如何是好。老王一听，心道老小子是无事不登三宝殿，准是来找我讨主意来了；嘴上却说："老李，有什么想法?"李军和盘托出："我想着给卖出去。你看我们这里挺偏僻的，也不好往外租；我们家在村里也没人了，但卖不知道卖给村里谁好，最好是卖给无房户。"老王明白了，老李是来向他打听村里无房户的情况。他脑袋里迅速过了一遍，村里没房的家庭基本上没有，可据说八组庞金龙家正在分家，大儿子庞天友一家好像已经单独办理了户口本，但还和爹妈、弟弟住一起。老王把庞天友有户无房的情况一五一十地告诉给李军，并表态：你要真想卖房子，卖给他们家是最合适的，找个时间，我陪你一起上老庞家走一趟。

　　一个星期后，李军和王全山一起到庞金龙家拜访。在老王的见证撮合下，庞天友和李军签订了书面的房屋买卖合同，以人民币 5 万元的价格成交，李军协助庞天友办理过户及办证相关手续。李军显然是有备而来，他带了老伴的授权书（房子是二人共同所有），前年办的不动产权证，以及身份证、户口簿等。庞天友也向李军出示了其身份证、户口簿等证件。两天后，老王召集

房子卖给本村的人，我放心!

谢谢两位，我终于不再是无房户了!

农村宅基地上的房屋可以卖给本村无房农户

村委会开了个会，审议通过了这笔房屋买卖，出具了书面同意的意见。

庞天友拿到村里的书面同意意见，当天即将购房款打到李军账户上。双方约了个好日子，带上变更登记申请、房屋买卖合同、村委会的书面同意意见，双方的身份证、户口簿、不动产权证等材料，一起到县上的不动产登记中心办理过户手续。

 （二）案例要点 >>>

1. 宅基地上的房屋可以买卖吗？

答：可以，买卖对象必须是房屋所在的集体经济组织中的无房成员（本村无房农户）。

2. 宅基地房屋交易的流程是什么？

答：一般而言，具体的程序为：

签订书面的房屋买卖合同→提交集体经济组织（村委会）审批，出具书面同意意见→交易双方携带身份证、户口簿、房屋买卖合同、书面同意意见、不动产权证（房产证和集体建设用地使用权证）到不动产登记部门办理变更登记→核发不动产权证书（新证，旧证由不动产登记部门收缴核销）

3. 宅基地房屋交易买方除了必须是房屋所在地集体经济组织无房成员外，还有别的要求吗？

答：买方购买的房屋所占宅基地面积不得超过省、自治区、直辖市规定的标准。

 （三）有法可依 >>>

1. 《土地管理法》第六十二条规定：农村村民一户只能拥有一处宅基地，其宅基地的面积不得超过省、自治区、直辖市规定的标准；国家允许进城落户的农村村民依法自愿有偿退出宅基地，鼓励农村集体经济组织及其成员盘活利用闲置宅基地和闲置住宅。

释义：农村村民以户为单位享有宅基地的使用权，不管是通过申请获得还是买卖获得，一户只能有一处宅基地；进城已落户的村民可以将在农村的住宅转让给房屋所在的本集体经济组织中的无房农户。

核心主旨：农村住宅的转让只能在房屋所在的本集体经济组织成员之间进行，且买方应为无房农户。

2.《最高人民法院第八次全国法院民事商事审判工作会议（民事部分）纪要》第十九条规定：在国家确定的宅基地制度改革试点地区，可以按照国家政策及相关指导意见处理宅基地使用权因抵押担保、转让而产生的纠纷。在非试点地区，农民将其宅基地上的房屋出售给本集体经济组织以外的个人，该房屋买卖合同认定为无效。

释义：在试点地区，按照最新的政策和指导意见处理宅基地使用权纠纷；非试点地区，宅基地上房屋买卖交易发生在非同一集体经济组织成员之间的，买卖合同视为无效。

核心主旨：农村宅基地上的房屋买卖交易只能发生在同一集体经济组织成员之间。

3.依据《不动产登记暂行条例》第五条、第十四条、第十五条、第十六条、第十七条等相关规定，村民在房屋买卖交易达成后可以向不动产登记机构提交相关材料，申请不动产登记，不动产登记机构应依法进行登记。

释义：房屋买卖申请不动产登记属于双方申请，有变更登记申请、房屋买卖合同、村委会的书面同意意见，双方的身份证、户口簿、不动产权证等材料，不动产登记机构应在 30 个工作日内办结登记，并发放权属证明文书。

核心主旨：登记材料齐全，依法登记；不齐全，一次性告知补正再行登记；办结登记后发放权属证明文书。

 （四）关键点拨 >>>

1.宅基地上房屋买卖的买方应为同一集体经济组织成员中的无房户，且其购买房屋所占宅基地面积应符合自身所在地区关于宅基地审批面积的标准。

2. 宅基地上的房屋买卖应经宅基地所有权人（集体经济组织）的批准。

3. 宅基地上的房屋买卖交易达成后，应及时到不动产登记机构办理过户变更手续，申请办理新的不动产权证。

案例三、
做小本生意融资不用愁
—— 范明听说宅基地可以抵押后

 （一）事件回放 >>>

2016 年，湖北省宜城市流水镇马头村的村民范明听说房子可以到银行抵押贷款后，喜出望外。范明在村里有三层楼房。他除了种地以外，还做点水产生意。2015 年水产行情不好，他投资 12 万元养殖的螃蟹到卖的季节遭遇价格腰斩，加上自己管理不善死了一大半，净亏损高达 10 万元。

吃一堑，长一智。今年他总结了经验教训，对养蟹行业有了更深的了解，想东山再起，却苦于没有本钱。之前亏去了家里的老底，加上向亲戚朋友的部分借贷也没有还，得不到外援，很难操持旧业。村支书李贵军告诉他，可以用自家宅子去年办的不动产权证向银行申请"农房贷"，对于范明来说，这个消息真是雪中送炭。

范明回家和媳妇儿李娟一合计，觉得可行：他们家的宅子大，尽管不像城里商品房那样精装修过，但在村里装修水准也属于中等偏上。登记在证上的面积超过 300 平方米，贷个 10 万块应该没问题。房子是夫妻俩共同共有的，要贷款必须双方一致同意。每个星期三，是镇里邮储银行到大队部（村委会）为农民办理贷款的日子。这天，李娟二话没说，给老范写了一份授权书，授权老范全权代理办理贷款，签上自己的名字并按了手印，并将准备好的两人的身份证、结婚证、不动产权证装在一个透明塑料袋里交给老范。老范嘴上没说什么，可心里大受感动。看到媳妇儿这么支持自己，他暗暗给自己鼓劲：今年一定打个翻身仗，给媳妇儿多买几身新衣裳。

邮储银行的工作人员早已在大队部会议室摆开桌子，给有贷款需求的村民提供咨询和办理贷款；村里的李书记也坐在桌子旁边，给办理贷款的村民开具集体经济组织的同意证明。李书记见老范过来了，热情地招呼他："老范，村里的证明我都给你开好了，你签个字吧。"范明连声道谢："谢谢李书记，太感谢了！"拿着村里的书面证明和自己携带的材料，范明坐在信贷员面前。信贷员小叶引导他填表，并小心地审核老范的材料，逐一复印。老范问："我就想贷10万元，您看我符合申请条件吗？"小叶说："您的材料挺齐全的，但缺少一个除用于抵押的农民住房外，其他长期稳定居住场所的证明材料。"老范没听懂："啥材料？"小叶答："就是您除了用于抵押贷款的住房之外，还有没有其他的长期稳定住所。""老范，你们一家人是不是还可以住你老丈人家，我记得你老丈人家的房子也挺宽敞的，你可以让你老丈人给你弄个材料，他们村里盖章。这样行吧，小姑娘？"李书记插话。小叶点点头，说："还是李书记办法多。范先生，您的材料通过我们初审了，您有邮储的储蓄卡吗？没有的话，现场就给您办一张，用于给您发放贷款。另外，我们下周安排人到您家用于抵押

贷款的房子中看看，评估一下，到时您把刚跟您说的证明材料准备好给我们，我们很快就可以为您办理发放贷款了。"范明记得自己有一张邮储的储蓄卡，也一直在用。他交给小叶核了一下，留下复印件。

老范跑了一趟老丈人家，搞定那份证明材料。又是一个周三，邮储银行的工作人员来到老范家，收了老范的材料，帮助老范在手机上安装了银行的软件，并设置了用户名、密码，告诉他这笔贷款是其申请的 5 年贷款期限内"一次审批、总额授信、循环使用、随借随还"的，相关批贷额度不久会在软件中体现。

两天以后，老范登录银行软件，发现贷款额度里赫然出现了数字"96000"。老范喜得差点跳起来，媳妇儿李娟凑过来，问："是贷款批了吧？哎呀，批了那么多，太好了！老范，咱们得好好用这笔钱，要用的时候才提哈！""嗯嗯，肯定的，娟儿。"老范眼里有了光。

 （二）案例要点 >>>

1. 宅基地上的房屋可以抵押贷款吗？

答：根据 2015 年 12 月 28 日《全国人民代表大会常务委员会关于授权国务院在北京市大兴区等 232 个试点县（市、区）、天津市蓟县等 59 个试点县（市、区）行政区域分别暂时调整实施有关法律规定的决定》及 2017 年 12 月 27 日全国人民代表大会常务委员会《关于延长授权国务院在北京市大兴区等二百三十二个试点县（市、区）、天津市蓟州区等五十九个试点县（市、区）行政区域分别暂时调整实施有关法律规定期限的决定》，列入农民住房财产权抵押贷款试点的 59 个县（市、区）名单里的农村地区均可。

2. 贷款办理的流程是什么？

答：一般而言，具体的程序为：

农民（借款人）填写表格→向银行提交相关申请贷款的材料（身份证、不动产权证、集体经济组织书面同意证明、拥有抵押房产之外的稳定居所证明等）→银行派员下户评估→审核，出额度和利率→提款使用→按约还款。

3. 申请抵押贷款，借款人需满足什么要求？

答：具有完全民事行为能力，无不良信用记录；具有相关不动产权证，房屋所在地块未列入征地拆迁范围；除用于抵押的农民住房外，借款人应有其他长期稳定居住场所，并能够提供相关证明材料；所在的集体经济组织书面同意宅基地使用权随农民住房一并抵押及处置；以共有农民住房抵押的，还应当取得其他共有人的书面同意。

 （三）有法可依 >>>

1.《全国人民代表大会常务委员会关于授权国务院在北京市大兴区等 232 个试点县（市、区）、天津市蓟县等 59 个试点县（市、区）行政区域分别暂时调整实施有关法律规定的决定》规定，在天津市蓟县（现天津市蓟州区）等 59 个试点县（市、区）行政区域暂时调整实施《中华人民共和国物权法》（以下简称《物权法》）《中华人民共和国担保法》（以下简称《担保法》）关于集体所有的宅基地使用权不得抵押的规定。调整为在 59 个试点县（市、区）行政区域，暂时调整实施《物权法》第一百八十四条、《担保法》第三十七条关于集体所有的宅基地使用权不得抵押的规定，允许以农民住房财产权（含宅基地使用权）抵押贷款。

释义：宅基地使用权不得抵押，但全国人大常委会的上述《决定》对此进行了调整，在试点地区允许以农民住房财产权（含宅基地使用权），亦即宅基地使用权（包括宅基地上的房屋）进行抵押贷款。

核心主旨：全国人大常委会做出的决定是法律的一种，上述《决定》规定试点地区宅基地上的房屋（包括宅基地使用权）可进行抵押贷款。

2.《农民住房财产权抵押贷款试点暂行办法》第四条规定：借款人以农民住房所有权及所占宅基地使用权作抵押申请贷款的，

应同时符合以下条件：（一）具有完全民事行为能力，无不良信用记录；（二）用于抵押的房屋所有权及宅基地使用权没有权属争议，依法拥有政府相关主管部门颁发的权属证明，未列入征地拆迁范围；（三）除用于抵押的农民住房外，借款人应有其他长期稳定居住场所，并能够提供相关证明材料；（四）所在的集体经济组织书面同意宅基地使用权随农民住房一并抵押及处置；（五）以共有农民住房抵押的，还应当取得其他共有人的书面同意。

释义：试点地区的借款人必须满足"是信用记录良好的民事行为能力人""有无争议的房屋及宅基地产权证明""有其他稳定居所""集体经济组织同意""其他共有人同意"这五个条件才能申请贷款。

核心主旨：申请以农民住房所有权及所占宅基地使用权进行抵押贷款必须满足上述五大要件。

 （四）关键点拨 >>>

1. 59个试点地区的农村借款人可以用农民住房财产权及所占宅基地使用权作抵押申请贷款。

2. 必须满足借款的五大条件。如果农民住房是单独所有，只需满足前四个条件即可。

3. 使用贷款以后要按约及时还款，否则一旦还不上贷款，就会产生失去自己住房的巨大风险。广大农民朋友，贷款要慎重，用款要按需，还款要及时。

案例四、

违法建房不可取
—— 乡里强拆了张顺的房子

 （一）事件回放 >>>

"咔咔嗒嗒……轰隆"一大清早，挖掘机即开始作业，将张顺家去年新建的楼房进行拆除。他家房子建在村灌溉渠边，建的时候村主任就跟他说建在这里不合适，让他不要建，他不听。张顺在此建房既未向村上打招呼，更未跟乡里申请；他觉得灌溉渠边的空地反正也没人用，空着也浪费，建个渠边房还可以看看风景，夏天引水灌溉时，晚上夜风徐徐好乘凉，多爽。

现在他爽不起来了，花了几十万"打游击"建起来的楼房顷刻间变成一堆废墟，他为自己的无知和不守法付出了代价。其实在他组织施工队建房的过程中，乡里派管国土和规划的工作人员来劝阻提示他，说这是违规建房行为，到时候即使房子建好了也是违建，要被拆除的。他不听，人家前脚刚走，他后脚继续建。乡里没办法，给他下了《责令停止违法建设行为通知书》，送到他手里。上面赫然写着：

张顺：你户未取得乡村建设规划许可证，在毛雷村六组土地上进行违法建设行为，违反了《中华人民共和国土地管理法》《中华人民共和国城乡规划法》等相关法律法规的规定，现责令立即停止违法建设行为，听候处理。

户主签名：　　　　　　联系电话：

公临县章孟乡人民政府
2019 年 7 月 20 日

张顺倒是配合，在两联文书上都签了字。可工作人员走后，他将文书撕个粉碎，继续招呼大伙儿建房。

张顺家在其祖传的宅基地上有一幢三层的气派楼房，也够他一家人住的。张顺 20 世纪 90 年代末南下深圳打工，做包工头，赚了不少钱。财大就气粗，他先是将宅基地上的房子翻建成三层小洋楼，现在又想在别处随便建房，居然没有走任何审批手续，还放鞭炮大肆庆祝奠基，建好后广邀亲朋好友来喝酒……

在张顺新房落成摆酒庆祝后的次日，乡政府两名工作人员来其新址找张顺，问他上次签收《责令停止违法建设行为通知书》后，为啥还继续进行违法建设。张顺没好气地说："见你们没有后续动作，以为默许了呢。"工作人员说："文书上明明白白地写着让您立即停止违法建设行为，听候处理，谁默许您了；我们走访过附近的村民，人家说我们前脚走，您这边就接着干，您有审批手续吗，这么肆无忌惮？"张顺摇摇头，说："要有审批手续，您二位还能来找我吗？"工作人员说"您没有审批手续，进行违法建设，根据《城乡规划法》的规定，您这新房属于违法建筑，限期3天您自行拆除，这是询问笔录和《限期拆除违法建筑通知书》，请您签字签收。"张顺说："我才不签呢，你们随便。"工作人员说："您不签也没关系，我们录着音、录着像呢；《通知书》给您搁这儿，我们还要去村委会将这份《通知书》张贴，向全村人公告，履行我们的法定程序。"

张顺看着工作人员的背影，瘫坐在椅子上。他知道政府这回是认真的，自己违法建房的事实铁板钉钉，新楼房保不住了。以前在深圳打工，他听一名工友聊过违法建房被强拆的事儿。即使自己不主动拆房，乡政府后面会进一步发通告或催告书、强制拆除决定书等一系列法律文件，依法强制拆除。但张顺不想自己动手，觉得刚建好的新房没住几天就乖乖拆掉，太可惜了；不如再等等，毕竟走完程序也得一段时间，说不定房子还能住大半年呢。

果如张顺所料，《通知书》到期后，乡政府依法对张顺进行了催告，后又下达了《强制拆除违法建筑决定书》。张顺就这么提心吊胆地在新房里住着。直到两天前，乡政府再次派工作人员

来到他家，要求他将新房子中的物品搬出，告知他政府准备采取强制拆除措施，费用由张顺承担。张顺也没说什么，当晚就组织家人将物品搬回老宅……两天后，乡政府依法强制拆除了张顺家违法修建的新房。

 （二）案例要点 >>>

1. 农户怎样建个人住宅才不违规违法？

答：一般而言，如果是在原有宅基地上进行翻建（推倒旧房重新建房），只需要向乡政府申请乡村建设规划许可证即可，一般建房不得超过 3 层；如果不是前种情况，则须依法申请宅基地、乡村建设规划许可等手续，具体可咨询当地集体经济组织、政府自然资源和规划部门。没有任何合法手续即在农村进行个人住宅的建设，一定是违法、违规行为，必须禁止。

2. 乡（镇）政府拆除违法建筑一般要履行什么程序？

答：一般而言，具体的程序为：

发现违法建设正在进行，向当事人了解情况，听取其陈述申辩，向其下达《责令停止违法建设行为通知书》→当事人可以在这个阶段停止违建，补办手续，合法化以后继续建设；或者自行拆除。

违法建筑已建成，向当事人了解情况，听取其陈述申辩，向其下达《限期拆除违法建筑通知书》，并公告→如果不拆，进行催告或通告→仍不拆，下达《强制拆除违法建筑决定书》→从送达之日起半年内，当事人不提起行政复议或者行政诉讼的，依法强制拆除。

 （三）有法可依 >>>

1.《土地管理法》第六十二条规定，农村村民一户只能拥有一处宅基地，其宅基地的面积不得超过省、自治区、直辖市规定的标准；农村村民建住宅，应当符合乡（镇）土地利用总体规划、村庄规划，不得占用永久基本农田，并尽量使用原有的宅基地和村内空闲地；农村村民住宅用地，由乡（镇）人民政府审核批准；其中，涉及占用农用地的，依照本法第四十四条的规定办理审批手续。

释义： 村民按户分配宅基地，一户一宅，宅基地面积大小按照当地规定标准决定，且需要审批；建住宅须符合当地规划。

核心主旨： 宅基地按照一户一宅原则分配；在宅基地上建房，须符合规划。使用宅基地和在宅基地上建房均需乡（镇）政府批准。

2.《中华人民共和国城乡规划法》（以下简称《城乡规划法》）第四十一条规定：在乡、村庄规划区内使用原有宅基地进行农村村民住宅建设的规划管理办法，由省、自治区、直辖市制定；在乡、村庄规划区内进行农村村民住宅建设，不得占用农用地；确需占用农用地的，应当依照《中华人民共和国土地管理法》有关规定办理农用地转用审批手续后，由城市、县人民政府城乡规划主管部门核发乡村建设规划许可证；个人在取得乡村建设规划许可证后，方可办理用地审批手续。

释义： 村民在原有宅基地上翻建（推倒旧房建新房或者改扩建），均需依照当地规定申请相应的乡村建设规划许可证；优先使用建设用地或者未利用地建住宅，如果确需使用农用地，先办理农用地转为建设用地的审批手续，再核发乡村建设规划许可证，最后办理用地审批。

核心主旨： 不管翻建还是新建，均需向乡（镇）政府或县的自然资源和规划部门申请，批准后方可进行建设。

3.《中华人民共和国行政强制法》第三十五至三十八条、第四十四条规定：

第三十五条：行政机关作出强制执行决定前，应当事先催告当事人履行义务。催告应当以书面形式作出，并载明下列事项：履行义务的期限；履行义务的方式；当事人依法享有的陈述权和申辩权。

第三十六条：当事人收到催告书后有权进行陈述和申辩。行政机关应当充分听取当事人的意见，对当事人提出的事实、理由和证据，应当进行记录、复核。当事人提出的事实、理由或者证据成立的，行政机关应当采纳。

第三十七条：经催告，当事人逾期仍不履行行政决定，且无正当理由的，行政机关可以作出强制执行决定。强制执行决定应当以书面形式作出，并载明下列事项：（一）当事人的姓名或者名称、地址；（二）强制执行的理由和依据；（三）强制执行的方式和时间；（四）申请行政复议或者提起行政诉讼的途径和期限；（五）行政机关的名称、印章和日期。

第三十八条：催告书、行政强制执行决定书应当直接送达当事人。当事人拒绝接收或者无法直接送达当事人的，应当依照《中华人民共和国民事诉讼法》的有关规定送达。

第四十四条：对违法的建筑物、构筑物、设施等需要强制拆除的，应当由行政机关予以公告，限期当事人自行拆除。当事人在法定期限内不申请行政复议或者提起行政诉讼，又不拆除的，行政机关可以依法强制拆除。

释义：强制拆除村民违法修建的建筑，须遵循法定的程序，依法进行。先催告，对催告的形式、文书的格式、送达均有详细的规定；然后是作出强制执行决定，决定的形式、内容也有章可循；村民不复议也不诉讼的，法定期限届满，则由行政机关强制拆除。

核心主旨：有强制执行权的行政机关，一般是乡（镇）政府，可以依照法定程序催告、下执行决定；村民在法定期间内没有用合法程序应对的，可对村民的违法建筑进行强制拆除。

（四）关键点拨 >>>

1. 村民建房均需向乡（镇）政府申请批准，合法取得相应文书后方可建房。

2. 村民如果违法建设，又没有补办手续，则建成的一定是违法建筑，乡（镇）政府有权依法强制拆除。

案例五、

拆迁的好事

—— 王村村民王未未宅基地上的房屋被征收

 （一）事件回放 >>>

王村村民王未未这段时间挺开心，他家的老宅因县里要修建省道已被征收，户主王未未和当地乡政府签订了征收安置补偿协议。协议上说明，给他们家重新分配一块宅基地，还有好几十万的房屋征收补偿。王未未早就想推倒老宅进行翻建，趁这次机会修路征收，还有钱拿，正好可以把新宅修得漂漂亮亮。

其实县政府公告的征收安置补偿方案有两种，一种是不重新分配宅基地的纯货币补偿，包括土地补偿费、安置补助费、房屋及相关设施等地上附着物的征收补偿等；另一种是分配宅基地的部分货币补偿，主要是房屋及相关设施等地上附着物的征收补偿。半年前县政府即进行了征地预公告，要求省道沿线不得抢种作物，不得新修建筑物及设施等。随即开展了入户调查，对房屋的价值进行了评估；取得省里的征地批复文件后，县政府公告了征收土地方案和安置补偿方案。

方案一出来，老伴桑楠和王未未为宅基地上的房屋被征收后采取何种补偿方式争论不休，老伴想用纯拿钱的方式进行补偿，王未未不同意，他觉得安排宅基地重新建房的方案更合他心意。双方各不相让，一商量这事儿就吵嘴，导致协议一直没签。后来乡里派干部来做工作，也没做通。最后儿子王强回家做他母亲的工作，他告诉母亲，现在国家已经明确宅基地上有房子的，子女可以继承，征收老宅重新批了宅基地建新房，父母百年以后只要房子还在，他还可以继承，这是家的根，不能丢。王强还表态说，盖新房的时候，作为儿子，他可以回家帮忙组织人手盖房，把房子盖得更好些；如果盖新房征地补偿款不够，他也愿意出钱。

听到儿子这么说，桑楠就没再坚持。签协议的半个月后，村干部带王未未选定了一块离省道不远的、未利用的风水宝地作为其宅基地。王未未递交了宅基地使用和建房申请，村里出具同意证明，一起送到乡政府进行审批。很快，乡政府派人将批准文书送到王未未手里。一个月后，征收补偿款打到王未未账户上。王未未立即叫王强从城里回来，组织人手在新宅基地上风风火火地垒起新房来。

要想富，先修路。县上建这条省道是件有利当地百姓的大好事，王村在大山深处，生产的农产品之前往往因为山高路远难以运出去，即使增收，老百姓的收入也没有明显地增加。有了这条路，王村老百姓有了新的奔头。

 （二）案例要点 >>>

1. 宅基地上房屋的征收程序是怎样的？

答：一般而言，征收房屋不是目的，目的是为了利用房屋所在的土地，故对于宅基地，征收房屋必定伴随着征收土地。征收的主体是县（区）级以上人民政府，征收流程遵循以下步骤：

（1）政府发布土地征收预公告。该公告应在拟征收土地所在乡镇和村、村民小组范围内发布，公告内容包括征收范围、目的、开展土地现状调查的安排等。自预公告之日起，任何单位和个人不得在拟征地范围内抢栽抢建；对违规抢栽抢建的部分不予补偿。

（2）土地现状调查和社会稳定风险评估。在预公告规定的期限内开展土地及附着物权属调查，主要包括土地的权属、面积、地类和农村村民住宅、其他设施等地上附着物以及青苗的权属、种类、数量等信息。社会稳定风险评估结果作为申请土地征收的重要依据，是对征地社会稳定风险状况的综合研判，确定主要风险点，提出风险防范措施和处置预案。

（3）拟定征地补偿安置方案并公告。政府结合前期了解到的土地现状调查情况和社会稳定风险评估结果，组织自然资源、农业农村、人力资源和社保等部门编制征地补偿安置方案。该方案主要包括征收范围和目的、土地现状、补偿标准和安置方式等内容。方案拟定后，市、县人民政府应当在拟征收土地所在的乡（镇）和村、村民小组范围内发布征地补偿安置公告，听取被征收土地的农村集体经济组织成员的意见，公告时间不少于三十日。公告应当载明征地补偿安置方案、办理补偿登记期限、异议反馈渠道等内容。多数被征地的农村集体经济组织成员认为征地补偿安置方案不符合法律、法规规定的，市、县人民政府应当组织听证。研究农村集体经济组织成员的不同意见，根据法律、法规的规定和听证会情况修改方案。

（4）对宅基地上房屋的价值进行评估。一般在入库的评估机构名单中，选择评估机构。选择方式为，通过发布招标公告，或者电话通知评估机构参与评选，由征收实施部门组织评选，被征收人进行选择。被征收人可通过协商确定，协商不成则通过抽签、摇号等方式来确定。上述方式均不能确定，可由征收实施部门指定。确定评估机构之后，由房屋征收部门签订书面的房屋征收评估委托合同。初步评估报告出来之后，应当向被征收人公示，如有需要，可安排负责评估的评估师现场做出解释说明。对于初步评估结果确定的房屋价值有异议，可以向评估机构申请复核。对复核结果还有异议，可以向房地产价格评估专家委员会申请鉴定。初步评估结果公示期满后，根据公示过程中对被征收人的异议以及复核、鉴定结果，修正评估报告，形成最终的评估报告。评估报告应当送达给征收实施主体，实施主体向被征收人分别送达评估报告。

（5）征地补偿登记和签订征地补偿安置协议或作出征地补偿安置决定。被征地的所有权人、使用权人应当在补偿安置公告规定的期限内，持不动产权属证明材料办理征地补偿登记手续，未如期办理征地补偿登记手续的，其补偿内容以前期调查结果为准。市、县人民政府根据征地补偿安置方案、评估报告等，组织有关部门与拟征收土地的所有权人、使用权人签订征地补偿安置协议。个别确实难以达成协议的，不影响征地申请报批，但需要在申请征收土地时如实说明。对于个别未签订征地补偿安置协议的，市、县人民政府应当依据征地补偿安置方案、补偿登记结果、当地补偿政策以及其他被征收人签订的补偿协议等内容及时作出征地补偿安置决定。

（6）发布征地公告，落实征地补偿措施。征地政府向上级政府提出的土地征收申请批准后，该政府应当发布土地征收公告，并组织实施。公告内容包括征地批准机关、批准文号、批准时间和批准用途，征收土地的所有权人、位置、地类和面积，征地补偿标准和农业人员安置途径等事项。征收实施部门应当依法及时足额支付土地补偿费、安置补助费以及农村村民住宅、其他地上附着物和青苗等的补偿费用，并安排被征地农民的社会保障费用，确保各项补偿安置措施落实到位。对于前期还没有签订征地补偿安置协议的被征收人，实施征收的人民政府将与其进一步协商，如果协商不成，应当对个别被征收人及时做出征地补偿安置决定。被征收土地的所有权人、使用权人对土地征收不服的，可以依法申请行政复议或者提起行政诉讼。

（7）强制执行。被征收人在规定的期限内对征收补偿行为不申请行政复议或者不提起行政诉讼，在规定的期限内又不腾退的，由人民政府依法申请人民法院强制执行。人民法院强制执行完毕后，征收基本完成。实施征收的人民政府应当对被征收地块进行清理，整理出净地后，再通过划拨或是出让的方式将该地块交给开发单位，进行项目建设。

2. 满足怎样的条件宅基地使用权才可以由城市户籍子女继承？

答：宅基地上有可被继承的房屋。如果有多个子女，父母可以将房屋指定其中一个或几个子女继承；如果父母没有指定的，由子女共同继承。

3. 如果房屋征收补偿的价款过低，被征收人应如何维护自身的合法权益？

答：（1）在安置补偿方案公告的期限内，向政府申请听证；（2）对房屋评估报告提出复核、鉴定；（3）在征收安置补偿决定的法定期限内提起行政复议和行政诉讼；（4）寻求法律专业人士帮助，依法维权。

4. 城镇户籍子女帮父母在宅基地上翻建或者新盖房子要注意什么？

答：子女不管是帮忙翻建还是新盖，出资多寡，房子依然在父母名下；父母去世后，方可继承。

（三）有法可依 >>>

1.《土地管理法》第四十五条、第四十七条、第四十八条规定，由政府组织的实施的能源、交通、水利、通信、邮政等基础设施建设需要用地，确需征收农民集体所有的土地的，可以依法实施征收。国家征收土地的，依照法定程序批准后，由县级以上地方人民政府予以公告并组织实施。县级以上地方人民政府拟申请征收土地的，应当开展拟征收土地现状调查和社会稳定风险评估，并将征收范围、土地现状、征收目的、补偿标准、安置方式和社会保障等在拟征收土地所在的乡（镇）和村、村民小组范围内公告至少 30 日，听取被征地的农村集体经济组织及其成员、村民委员会和其他利害关系人的意见。

多数被征地的农村集体经济组织成员认为征地补偿安置方案不符合法律、法规规定的，县级以上地方人民政府应当组织召开听证会，并根据法律、法规的规定和听证会情况修改方案。

拟征收土地的所有权人、使用权人应当在公告规定期限内，持不动产权属证明材料办理补偿登记。县级以上地方人民政府应当组织有关部门测算并落实有关费用，保证足额到位，与拟征收土地的所有权人、使用权人就补偿、安置等签订协议；个别确实难以达成协议的，应当在申请征收土地时如实说明。

相关前期工作完成后，县级以上地方人民政府方可申请征收土地。

征收土地应当给予公平、合理的补偿，保障被征地农民原有生活水平不降低、长远生计有保障。

征收土地应当依法及时足额支付土地补偿费、安置补助费以及农村村民住宅、其他地上附着物和青苗等的补偿费用，并安排被征地农民的社会保障费用。

释义：公共基础设施建设需要征收农民土地，可依法征收；县级以上政府是征地主体，在公布征地安置补偿方案之前，应进行土地现状调查和社会稳定风险评估；方案公布后，应听取被征收人的意见，必要时需召开听证会，并进行必要的修改；被征收人应在公告期限内办理补偿登记，并就补偿问题与征收方签订协议；征地的原则是依法足额支付相关征地补偿费用，保证被征收人原有生活水平不降低，长远生计有保障。

核心主旨：县级以上政府为公益目的可征地；征地须在进行土地现状调查和社会稳定风险评估的基础上进行，补偿方案要听取被征收人意见；征地必须保障被征收人原有生活水平不降低、长远生计有安排。

2.《自然资源部对十三届全国人大三次会议第 3226 号建议的答复》明确：农民的宅基地使用权可以依法由城镇户籍的子女继承并办理不动产登记。根据《民法典》规定，被继承人的房屋作为其遗产由继承人继承，按照房地一体原则，继承人继承取得房屋所有权和宅基地使用权，农村宅基地不能被单独继承。《不动产登记操作规范（试行）》（国土资规〔2016〕6 号）明确规定，非本农村集体经济组织成员（含城镇居民），因继承房屋占用宅基地的，可按相关规定办理确权登记，在不动产登记簿及证书附记栏注记"该权利人为本农民集体经济组织原成员住宅的合法继承人"。

释义：农村宅基地上有房屋的可由城镇户籍子女继承，并可办理确权登记。

核心主旨：宅基地使用权不能被城镇户籍子女单独继承，宅基地上必须有房。

(四) 关键点拨 >>>

1. 城镇户籍子女可通过继承宅基地上的房屋从而实现对宅基地使用权的继承，如果宅基地上没有房屋或者房屋毁损灭失，则无法继承宅基地使用权。

2. 县级以上人民政府在征地过程中如果定的安置补偿标准过低，违背"当前生活水平不降低、长远生计有保障"的征地原则，被征收人应寻求法律专业人士的帮助，依法维护自身的合法权益。

案例六、
城里人能到农村买宅基地盖房吗？
—— 李原庆和赵声华签订了一份这样的合同

 ### (一) 事件回放 >>>

早在 3 年前，安村村民李原庆搬到县城里和儿子儿媳住一块儿，乐享清福；按照投靠子女政策，老李户口也从村里移走，在县里落户，成了城里人。村里人羡慕得不行，都说李原庆虽然媳妇儿走的早，但培养的儿子李成良有出息，不仅让老爹跳出繁重辛苦的农门，还在城里给老爹找了份按月拿工资的轻松活计（在某公司门口收发室当门卫）。老李很高兴，儿子有孝心，自己辛

苦了大半辈子总算得到回报，虽然读书不多，好歹也初中毕业，干登记收发的活儿不是问题，比种庄稼强多了。

老李利索地将村里的老房子半送半卖处理给了已分户一直没房的亲侄子，又到乡里派出所办好户籍迁移手续，坐上儿子来接他的车，心满意足地开始了城里人生涯。没想到干了 3 年，老李在城里再也待不下去了。城里的生活，到点上班，按点下班，周六日正常休息，闲的时候小李夫妇去哪儿玩也带上父亲，但老李有时总觉得自己像个电灯泡；老李喜欢在闲暇时间找老哥们喝两口，然后到茶馆喝茶侃大山玩牌。城里生活倒是方便，可要找这样知根知底的熟人很难……小李尊重父亲的意思，却也犯难："回去您住哪儿？"老李回应："和你赵声华叔早商量好了，他的那块宅基地卖给我，我用这几年挣的钱盖个小房子，一个人怎么也够住。"

木工出身的老赵 20 世纪 90 年代南下深圳务工，后来在那边买了房，家人都搬了过去，但老赵人虽早早离开村子，户口一直还在村里，是村集体的一员，所以他家的土坯房也一直保留着。虽然土坯房一直没人管，后来坍塌，慢慢成了一块长草的空地，但这块地还在老赵名下。老赵听老李说对这块地感兴趣，不禁喜出望外：终于把这块地处理了。说干就干，老李和老赵签了合同，约定老赵的宅基地以 3 万元的价格卖给老李。老李让儿子将钱转给老赵，自己找了施工队，招呼了几个老兄弟，准备大张旗鼓、风风火火地建房。村主任王舒华听村民议论老李在老赵宅基地上建房，忙过来问老李，了解情况。老李拿出合同，告诉王主任，这块地他从老赵手里买过来了。王主任一听，连忙劝阻老李，告诉他："村里的宅基地只有村民才可以取得和建房，城里人是不可以的，国家有规定；如果你执意建房，回头乡里认定房屋为违建，是要拆除的，不信你可以让成良贤侄问问懂这块的人。"老李像被人从背后甩了一记闷棍，懵了，他拨通儿子的电话，几乎带着哭腔讲了情况。小李安慰了老爹，向做律师的大学同学于海哲咨询了一下。果然如此，老李虽然原来是村里人，但 3 年前已把户口迁走，在城里落了户，成了城里人，不再是村集体组织成员了。城里人不能买宅基地，更不能建房，这种宅基地买卖合同也是无效的。

老李只好跟老赵商量解除合同，退还款项的事儿。老赵刚开始还表示理解，但老李说到要退还所有的购地款后，他就不乐意了，心想当初要买我们家地的是你老李，价格也是你定的，合同也按照你的意思签了，现在要解除的还是你，还让退还全部款项，你这不是要猴玩吗?! 一来二去，老哥俩就杠上了。老李后来打电话给老赵，老赵索性不接了，还把他列入黑名单。

老李自知理亏，但3万元也不是个小数目，总不能一毛不退吧？现在模棱两可，连沟通的渠道都给掐断，太欺负人了。老李让儿子还找那个同学，让他帮忙处理，到法院起诉老赵确认合同无效，退还全部购地款。

案子在县法院立上了，现在老李只等开庭。能拿回多少，看法院怎么判吧，老李想。

🌱 (二) 案例要点 >>>

1. 宅基地可以在城里人和农村人之间买卖吗？

答：不可以，双方的买卖合同无效。

2. 如果发生了宅基地买卖合同纠纷，应该如何处理？

答：买卖双方可自行协商、申请基层组织调解或直接向法院起诉。

3. 案例中老李可以拿回多少购地款项？

答：可以拿回所有购地款项。

 （三）有法可依 >>>

1.《土地管理法》第二条、第五十九条、第六十二条规定，任何单位和个人不得侵占、买卖或者以其他形式非法转让土地；农村村民住宅等乡（镇）村建设，应当按照村庄和集镇规划，合理布局，综合开发，配套建设；建设用地，应当符合乡（镇）土地利用总体规划和土地利用年度计划，并依照本法第四十四条、第六十条、第六十一条、第六十二条的规定办理审批手续；农村村民一户只能拥有一处宅基地，其宅基地的面积不得超过省、自治区、直辖市规定的标准；农村村民住宅用地，由乡（镇）人民政府审核批准；其中，涉及占用农用地的，依照本法第四十四条的规定办理审批手续。

释义：宅基地的所有权属于集体经济组织，不能非法买卖和转让；农村宅基地的使用权属于村民；宅基地仅限于本集体经济组织特定的成员享有使用权，农村集体经济组织以外的人员不能申请或买卖并取得宅基地；建房和申请宅基地使用权都需要按照规定办理审批手续。

核心主旨：无法通过任何形式的交易行为取得宅基地的所有权；使用权的取得仅限于集体经济组织的成员，非成员无法通过直接申请或者买卖取得。

在本案例中，老李虽然原为村民，但3年前已将户口迁走，身份也不再是集体组织成员，故不再享有宅基地使用权。

2.《民法典》第五百九十七条规定，因出卖人未取得处分权致使标的物所有权不能转移的，买受人可以解除合同并请求出卖人承担违约责任。法律、行政法规禁止或者限制转让的标的物，依照其规定。第一百五十七条规定，民事法律行为无效、被撤销或者确定不发生效力后，行为人因该行为取得的财产，应当予以返还；不能返还或者没有必要返还的，应当折价补偿。有过错的一方应当赔偿对方由此所受到的损失；各方都有过错的，应当各自承担相应的责任。法律另有规定的，依照其规定。

释义：被卖的物品（或者权利）应属于卖方有权处分的，如果相关规定禁止或限制转让，依该规定执行；违法合同无效；合同无效或被撤销后，因该合同取得的财产应该返还，双方依过错承担相应责任。

核心主旨：卖方应对所卖之标的（包括物和权利）是否可交易承担责任；否则不仅要返还财产，还要承担过错责任。

🍃 (四) 关键点拨 >>>

城里人和村民签订的宅基地买卖合同属于无效合同；因该合同取得的财产务必返还，且根据双方的过错承担相应的损害赔偿责任。

农村宅基地政策问答

为帮助广大农村宅基地工作者学习、掌握农村宅基地相关法律和政策，2020 年 3 月，农业农村部农村合作经济指导司制作了《农村宅基地管理法律政策问答》（以下简称《问答》）。《问答》从宅基地基本政策和宅基地取得、使用、流转、退出、监管等方面，依据国家现行法律法规和政策文件，结合实践情况，对一些常见问题进行解答，旨在提供学习研究宅基地法律政策、做好宅基地管理工作的辅助参考。本章收录了《问答》的相关内容，并根据读者可能遇到的实际情况进行了修改和补充。

第一节　宅基地基本知识和政策

 1. 什么是农村宅基地？>>>

农村宅基地是农村村民用于建造住宅及其附属设施的集体建设用地，包括住房、附属用房和庭院等用地，不包括与宅基地相连的农业生产性用地、农户超出宅基地范围占用的空闲地等土地。

2. 农村宅基地在土地分类中属于哪一类？>>>

按照不同的分类标准，土地分类的方法不同。

依据《土地管理法》，按照土地所有制性质划分，土地分为国有土地和农民集体所有的土地，其中宅基地属于农民集体所有。按照土地用途划分，土地分为农用地、建设用地、未利用地三大类。其中，建设用地是指建造建筑物、构筑物的土地，包括城乡住宅和公共设施用地、工矿用地、交通水利设施用地、旅游用地、军事设施用地等。因此，从土地性质和用途上来说，农村宅基地属于集体建设用地。

按照 2017 年发布的《土地利用现状分类》（GB/T 21010—2017），土地进一步分为耕地、工矿仓储用地、住宅用地、公共管理与公共服务用地、交通运输用地、其他土地等 12 类。其中，农村宅基地属于住宅用地，农村道路占地属于交通运输用地。

3. 农村宅基地归谁所有？>>>

农村宅基地归本集体成员集体所有。

《中华人民共和国宪法》（以下简称《宪法》）第十条规定，

农村和城市郊区的土地，除由法律规定属于国家所有的以外，属于集体所有；宅基地和自留地、自留山，也属于集体所有。

《民法典》第二百六十四条规定，农村集体所有的不动产和动产，属于本集体成员集体所有。

4. 谁可以代表农民集体行使宅基地所有权？>>>

《民法典》第二百六十二条规定，对于集体所有的土地，属于村农民集体所有的，由村集体经济组织或者村民委员会代表集体行使所有权；分别属于村内两个以上农民集体所有的，由村内各该集体经济组织或者村民小组代表集体行使所有权；属于乡镇农民集体所有的，由乡镇集体经济组织代表集体行使所有权。

原国土资源部、中央农村工作领导小组办公室、财政部、原农业部《关于农村集体土地确权登记发证的若干意见》（国土资发〔2011〕178号）在"依法明确农村集体土地所有权主体代表"中规定，属于村农民集体所有的，由村集体经济组织或者村民委员会受本农民集体成员的委托行使所有权；分别属于村内两个以上农民集体所有的，由村内各该集体经济组织或者村民小组代表集体行使所有权；属于乡镇农民集体所有的，由乡镇集体经济组织代表集体行使所有权；没有乡（镇）农民集体经济组织的，乡（镇）集体土地所有权由乡（镇）政府代管。在办理土地确权登记手续时，由农民集体所有权主体代表申请办理。集体经济组织的具体要求和形式，可以由各省（自治区、直辖市）根据本地有关规定和实际情况依法确定。

2016 年 12 月，中共中央、国务院印发的《关于稳步推进农村集体产权制度改革的意见》（中发〔2016〕37 号）规定，依法由农村集体经济组织代表集体行使农村集体资产所有权，未成立集体经济组织的，分别由村民委员会、村民小组代表集体行使所有权。

综上，可代表集体行使宅基地所有权的主体包括四类，即集体经济组织（乡镇、村、村内）、村民委员会、村民小组、乡（镇）政府（代管）。

5. 什么是"一户一宅"？ >>>

农村村民一户只能拥有一处宅基地，其宅基地的面积不得超过省、自治区、直辖市规定的标准。人均土地少、不能保障一户拥有一处宅基地的地区，县级人民政府在充分尊重农村村民意愿的基础上，可以采取措施，按照省、自治区、直辖市规定的标准保障农村村民实现户有所居。

6. 我国现行农村宅基地制度的基本特征是什么？ >>>

宅基地制度是中国特色土地制度的重要组成部分，其核心是维护农村土地集体所有和保障农民基本居住权利。中华人民共和国成立以来，历经演变，我国农村宅基地制度框架已基本形成，其基本特征是：集体所有、成员使用，一户一宅、限定面积，无偿取得、长期占有，规划管控、内部流转。这一制度安排在保障农村"户有所居、民不失所"等方面发挥了极为重要的作用，促进了农村经济发展和社会稳定。

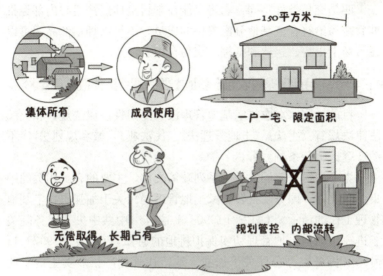

宅基地制度四大特征

7. 现行农村宅基地产权制度的基本内容是什么？ >>>

现行宅基地产权制度的基本内容是，农民集体拥有宅基地所有权，农村集体经济组织成员拥有宅基地使用权，符合条件的农户具有分配宅基地的资格。

8. 农房与商品房的区别是什么？ >>>

农房是农村中供村民居住的房屋，与商品房的区别主要有：

一是土地性质不同：农房建设占用集体所有土地，商品房则占用国有建设用地。

二是取得方式不同：农房只允许符合条件的农村集体经济组织成员申请取得宅基地进行建设，商品房是由具有房地产开发资质的企业取得国有建设用地开发建设。

三是土地使用年限不同：现行法律和政策没有具体规定农村宅基地使用权期限；商品房用地的土地使用年限一般是 70 年，土地使用权期间届满的，自动续期。

四是交易条件不同：农房只能在本村集体经济组织内部经批准后交易给符合宅基地分配资格的成员，不得抵押；商品房可以在市场上出售、租赁和抵押，交易自由。

🌱 9. 目前国家对农村宅基地主要有哪些法律政策规定？ >>>

目前，国家对农村宅基地管理没有专门性法律法规，相关的法律法规有《宪法》《土地管理法》《民法典》《城乡规划法》《不动产登记暂行条例》等。

党中央国务院颁发了一系列政策文件，主要的有：相关的中央1号文件，国务院批转国家土地管理局《关于加强农村宅基地管理工作的请示》（国发〔1990〕4号），《中共中央　国务院关于进一步加强土地管理切实保护耕地的通知》（中发〔1997〕11号），《国务院办公厅关于加强土地转让管理严禁炒卖土地的通知》（国办发〔1999〕39号），《国务院关于深化改革严格土地管理的决定》（国发〔2004〕28号），《国务院关于促进节约集约用地的通知》（国发〔2008〕3号），《中央农村工作领导小组办公室　农业农村部关于进一步加强农村宅基地管理的通知》（中农发〔2019〕11号）等。

国务院有关行政主管部门制发的一系列部门规章和规范性文件，如《国家土地管理局关于印发〈确定土地所有权和使用权的若干规定〉的通知》（〔1995〕国土〔籍〕字第26号）、《国土资源部印发〈关于加强农村宅基地管理的意见〉的通知》（国土资发〔2004〕234号）、《国土资源部关于进一步完善农村宅基地管理制度切实维护农民权益的通知》（国土资发〔2010〕28号）、《国土资源部　财政部　住房和城乡建设部　农业部　国家林业局关于进一步加快推进宅基地和集体建设用地使用权确权登记发证工作的通知》（国土资发〔2014〕101号）、《国土资源部关于进一步加快宅基地和集体建设用地确权登记发证有关问题的通知》（国土资发〔2016〕191号）、《农业农村部关于积极稳妥开展农村闲置宅基地和闲置住宅盘活利用工作的通知》（农经发

〔2019〕4 号)、《农业农村部 自然资源部关于规范农村宅基地审批管理的通知》(农经发〔2019〕6 号)等。

各省、自治区、直辖市按照法律和中央的要求,立足本地实际,制定出台的地方性法规、规章和管理文件,共同构成了现行农村宅基地法律政策体系。

🌱 10. 农村宅基地制度经过了哪些发展演变? >>>

中华人民共和国成立以来农村宅基地制度的演变,以改革开放、《物权法》颁布、《土地管理法》修订为标志,分为四个阶段。

第一阶段是 1949 年至 1978 年,集体所有制逐步建立。1954 年《宪法》规定了农村宅基地所有权。1962 年《农村人民公社工作条例(修正草案)》(即"人民公社六十条")规定了宅基地归生产队所有,一律不准出租和买卖。

第二阶段是 1978 年至 2007 年,宅基地严格管理阶段。1982 年 2 月,国务院发布《村镇建房用地管理条例》提出宅基地限额要求,并对特定城镇居民取得宅基地的合法性做了规定。1997 年 4 月,中共中央、国务院印发《关于进一步加强土地管理切实保护耕地的通知》(中发〔1997〕11 号),第一次以中央文件形式提出"一户一宅"的要求。1998 年修订的《土地管理法》,删除了 1986 年《土地管理法》关于城镇非农业户口居民使用集体土地建住宅的规定;规定了"一户一宅、限定面积",即"农村村民一户只能拥有一处宅基地,其宅基地的面积不得超过省、自治区、直辖市规定的标准"。1999 年 5 月,国务院办公厅印发《关于加强土地转让管理严禁炒卖土地的通知》(国办发〔1999〕39 号),首次禁止城市居民在农村购置宅基地的行为。

第三阶段是 2007 年至 2018 年,改革赋权扩能阶段。2007 年 3 月出台的《物权法》,明确宅基地使用权为用益物权。2014 年 12 月,中共中央办公厅、国务院办公厅印发《关于农村土地征收、集体经营性建设用地入市、宅基地制度改革试点工作的意见》,部署开展农村宅基地制度改革试点。2018 年中央 1 号文件提出探索宅基地所有权、资格权、使用权"三权分置",标志着宅基地制度改革探索进入新阶段。

第四阶段是 2019 年以来,宅基地规范管理阶段。2019 年 8 月,第十三届全国人民代表大会常务委员会第十二次会议对《土地管理法》进行了第三次修正。新修订的《土地管理法》中,明确了一户一宅、户有所居的宅基地分配制度,统筹合理安排宅基地用地的村庄规划编制制度;明确宅基地由乡(镇)人民政府审核批准,可以依法自愿有偿退出,鼓励盘活利用闲置宅基地和闲置住宅,以及国务院农业农村主管部门负责全国农村宅基地改革和管理工作的宅基地管理新体制。新修订的《土地管理法》标志着我国农村宅基地管理,从管理机构、制度设计到政策指导、监督检查,进入规范管理的新时期。

11. 农村土地三项制度改革是指什么? >>>

农村土地三项制度改革是指农村土地征收、集体经营性建设用地入市、宅基地制度改革试点。

2014 年 12 月,中共中央办公厅、国务院办公厅印发《关于农村土地征收、集体经营性建设用地入市、宅基地制度改革试点工作的意见》,在全国部署农村土地三项制度改革试点工作。改革的主要目标是:健全程序规范、补偿合理、保障多元的农村土地征收制度,同权同价、流转顺畅、收益共享的农村集体经营性建设用地入市制度,依法公平取得、节约集约使用、自愿有偿退出的农村宅基地制度。探索形成可复制、可推广的改革成果,为科学立法和修改完善相关法律法规提供支撑。

2015 年 2 月,十二届全国人大常委会第十三次会议审议通过《关于授权国务院在北京市大兴区等三十三个试点县(市、区)行政区域暂时调整实施有关法律规定的决定》,授权在试点地区暂停实施《土地管理法》《中华人民共和国城市房地产管理法》的有关规定,启动了农村土地三项制度改革试点工作,全国共 33 个试点县。

33 个试点县（市、区）名单：北京市大兴区、天津市蓟县（现天津市蓟州区）、河北省定州市、山西省泽州县、内蒙古自治区和林格尔县、辽宁省海城市、吉林省长春市九台区、黑龙江省安达市、上海市松江区、江苏省常州市武进区、浙江省义乌市、浙江省德清县、安徽省金寨县、福建省晋江市、江西省余江县、山东省禹城市、河南省长垣市、湖北省宜城市、湖南省浏阳市、广东省佛山市南海区、广西壮族自治区北流市、海南省文昌市、重庆市大足区、四川省郫县（现成都市郫都区）、四川省泸县、贵州省湄潭县、云南省大理市、西藏自治区曲水县、陕西省西安市高陵区、甘肃省陇西县、青海省湟源县、宁夏回族自治区平罗县、新疆维吾尔自治区伊宁市。

🌿 12. 农村宅基地制度改革试点情况如何？ >>>

2013 年 11 月，党的十八届三中全会通过《中共中央关于全面深化改革若干重大问题的决定》，明确了农村宅基地制度改革的目标任务，主要内容是：保障农户宅基地用益物权，改革完善农村宅基地制度，选择若干试点，慎重稳妥推进农民住房财产权抵押、担保、转让，探索农民增加财产性收入渠道；建立农村产权流转交易市场，推动农村产权流转交易公开、公正、规范运行。

根据中共中央办公厅、国务院办公厅《关于农村土地征收、集体经营性建设用地入市、宅基地制度改革试点工作的意见》，改革完善农村宅基地制度的主要内容是"两探索、两完善"，即：完善宅基地权益保障和取得方式、探索宅基地有偿使用制度、探索宅基地自愿有偿退出机制、完善宅基地管理制度。2019 年，农村宅基地制度改革试点工作取得的成熟经验在新修订的土地管理法中得到体现。但是，由于试点的时间短、内容不足、覆盖面小，改革探索还不够充分，宅基地制度中的一些深层次矛盾和问题依然存在。

2019 年中央 1 号文件要求"稳慎推进农村宅基地制度改革，

拓展改革试点，丰富试点内容，完善制度设计。"2020 年中央 1 号文件要求"以探索宅基地所有权、资格权、使用权'三权分置'为重点，进一步深化农村宅基地制度改革试点。"按照中央要求，农业农村部牵头制定新一轮农村宅基地制度改革试点方案，经中央审定后部署开展。

🌱 13. 什么是农村"两权"抵押试点？ >>>

农村"两权"抵押试点是指农村承包土地（指耕地）的经营权和农民住房财产权抵押贷款试点工作。

为进一步深化农村金融改革创新，加大对"三农"的金融支持力度，引导农村土地经营权有序流转，慎重稳妥推进农民住房财产权抵押、担保、转让试点，2015 年 8 月，国务院印发《关于开展农村承包土地的经营权和农民住房财产权抵押贷款试点的指导意见》（国发〔2015〕45 号），部署开展农村承包土地（指耕地）的经营权和农民住房财产权抵押贷款试点工作。

2015 年 12 月，十二届全国人民代表大会常务委员会第十八次会议通过《全国人民代表大会常务委员会关于授权国务院在北京市大兴区等 232 个试点县（市、区）、天津市蓟县等 59 个试点县（市、区）行政区域分别暂时调整实施有关法律规定的决定》，授权国务院在北京市大兴区等 232 个试点县（市、区）行政区域，暂时调整实施《中华人民共和国物权法》《中华人民共和国担保法》关于集体所有的耕地使用权不得抵押的规定；在天津市蓟县等 59 个试点县（市、区）行政区域暂时调整实施《中华人民共和国物权法》《中华人民共和国担保法》关于集体所有的宅基地使用权不得抵押的规定。

59 个农民住房财产权抵押贷款试点县（市、区）名单：天津市蓟县（现天津市蓟州区）、山西省晋中市榆次区、内蒙古自治区和林格尔县、乌兰浩特市、辽宁省铁岭县、开原市、吉林省长春市九台区、黑龙江省林甸县、方正县、杜尔伯特蒙古族自治县、江苏省常州市武进区、仪征市、泗洪县、浙江省乐清市、青田县、义乌市、瑞安市，安徽省金寨县、宣城市宣州区，福建省晋江市、古田县、上杭县、石狮市，江西省余江县、会昌县、婺源县，山东省肥城市、滕州市、汶上县，河南省滑县、兰考县，湖北省宣城市、武汉市江夏区，湖南省浏阳市、耒阳市、麻阳苗族自治县，广东省五华县、连州市，广西壮族自治区田阳县，海南省文昌市、琼中黎族苗族自治县，重庆市江津区、开县、酉阳土家族苗族自治县，四川省泸县、郫县（现成都市郫都区）、眉山市彭山区，贵州省金沙县、湄潭县，云南省大理市、丘北县、武定县，西藏自治区曲水县，陕西省平利县、西安市高陵区，甘肃省陇西县，青海省湟源县，宁夏回族自治区平罗县，新疆维吾尔自治区伊宁市。

14. 宅基地"三权分置"指什么？>>>

2018 年中央 1 号文件《中共中央国务院关于实施乡村振兴战略的意见》中提出，探索宅基地所有权、资格权、使用权"三权分置"，落实宅基地集体所有权，保障宅基地农户资格权和农民房屋财产权，适度放活宅基地和农民房屋使用权。

2020 年中央 1 号文件要求"以探索宅基地所有权、资格权、使用权'三权分置'为重点，进一步深化农村宅基地制度改革试点。"按照中央要求，农业农村部牵头组织试点，拓展试点范围，丰富试点内容，完善制度设计，围绕宅基地所有权、资格权、使用权"三权分置"，探索完善宅基地分配、流转、抵押、退出、使用、收益、审批、监管等制度的方法路径，总结一批可复制、能推广、惠民生、利修法的制度创新成果。

第二节 宅基地的申请与审批

15. 农村村民在什么情况下可以申请宅基地？>>>

依据《土地管理法》，结合各省（自治区、直辖市）宅基地

管理的有关规定，农村村民有下列情况之一的，可以以户为单位申请宅基地：

（1）无宅基地的；

（2）因子女结婚等原因确需分户而现有的宅基地低于分户标准的；

（3）现住房影响乡（镇）村建设规划，需要搬迁重建的；

（4）符合政策规定迁入村集体组织落户为正式成员且在原籍没有宅基地的；

（5）因自然灾害损毁或避让地质灾害搬迁的。

各省（自治区、直辖市）对农户申请宅基地条件有其他规定的，应同时满足其他条件要求。

 16. 农村宅基地由谁审批？ >>>

《土地管理法》第六十二条规定，农村村民住宅用地，由乡（镇）人民政府审核批准；其中，涉及占用农用地的，依照本法第四十四条的规定办理审批手续。第四十四条规定，建设占用土地，涉及农用地转为建设用地的，应当办理农用地转用审批手续。

为完善农村宅基地审核批准机制，《农业农村部　自然资源部关于规范农村宅基地审批管理的通知》（农经发〔2019〕6号）明确，乡镇政府要探索建立一个窗口对外受理、多部门内部联动运行的农村宅基地用地建房联审联办制度，方便农民群众办事。根据农业农村、自然资源等部门联审结果，由乡镇政府对农村宅基地申请进行审批，出具《农村宅基地批准书》，鼓励地方将乡村建设规划许可证由乡镇一并发放，并以适当方式公开。

 17. 农村宅基地申请审批程序是什么？ >>>

农村宅基地分配实行农户申请、村组审核、乡镇审批。按照《农业农村部　自然资源部关于规范农村宅基地审批管理的通知》（农经发〔2019〕6号），宅基地申请审批流程包括农户申请、村民小组会讨论通过并公示、村级组织开展材料审核、乡镇部门审查、乡镇政府审批、发放宅基地批准书等环节。具体流程如下图所示。没有分设村民小组或宅基地和建房申请等事项已统一由村级组织办理的，农户直接向村级组织提出申请，经村民代表会议讨论通过并在本集体经济组织范围内公示后，报送乡镇政府批准。

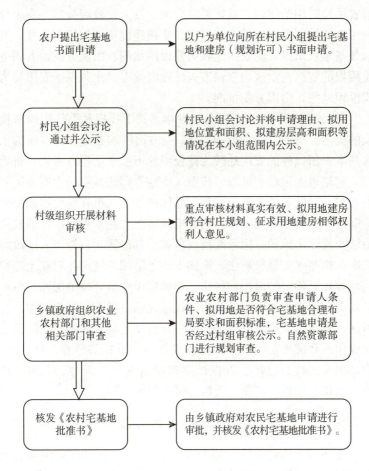

农户提出宅基地书面申请 → 以户为单位向所在村民小组提出宅基地和建房（规划许可）书面申请。

村民小组会讨论通过并公示 → 村民小组会讨论并将申请理由、拟用地位置和面积、拟建房层高和面积等情况在本小组范围内公示。

村级组织开展材料审核 → 重点审核材料真实有效、拟用地建房符合村庄规划、征求用地建房相邻权利人意见。

乡镇政府组织农业农村部门和其他相关部门审查 → 农业农村部门负责审查申请人条件、拟用地是否符合宅基地合理布局要求和面积标准，宅基地申请是否经过村组审核公示。自然资源部门进行规划审查。

核发《农村宅基地批准书》 → 由乡镇政府对农民宅基地申请进行审批，并核发《农村宅基地批准书》。

18. 农民建房能否使用农用地？ >>>

农民建房在符合规划的条件下可以使用农用地，但要依法先行办理农用地转用手续。农用地转为建设用地的，按照《土地管理法》第四十四条规定，在土地利用总体规划确定的城市和村庄、集镇建设用地规模范围内，为实施规划将永久基本农田以外的农用地转为建设用地的，按土地利用年度计划分批次分别由原批准土地利用总体规划的机关或者其授权的机关批准；在已批准的农用地转用范围内，具体可以由市、县人民政府批准。在土地利用总体规划确定的城市和村庄、集镇建设用地规模范围外，将永久基本农田以外的农用地转为建设用地的，由国务院或者国务院授权的省、自治区、直辖市人民政府批准。永久基本农田转为建设用地的，由国务院批准。

2020 年 3 月 12 日，国务院发布《关于授权和委托用地审批权的决定》（国发〔2020〕4 号），一方面将国务院可以授权的永久基本农田以外的农用地转为建设用地审批事项授权各省、自治区、直辖市人民政府批准。按照《土地管理法》第四十四条第三款规定，对国务院批准土地利用总体规划的城市在建设用地规模范围内，按土地利用年度计划分批次将永久基本农田以外的农用地转为建设用地的，国务院授权各省、自治区、直辖市人民政府批准；按照《土地管理法》第四十四条第四款规定，对在土地利用总体规划确定的城市和村庄、集镇建设用地规模范围外，将永久基本农田以外的农用地转为建设用地的，国务院授权各省、自治区、直辖市人民政府批准。另一方面试点将永久基本农田转为建设用地和国务院批准土地征收审批事项委托部分省、自治区、直辖市人民政府批准。首批试点省份为北京、天津、上海、江苏、浙江、安徽、广东、重庆，试点期限 1 年。

19. 农民转让宅基地后，是否可以再申请宅基地？ >>>

按照《土地管理法》第六十二条规定，农村村民出卖、出租、赠与住宅后，再申请宅基地的，不予批准。

20. 农村宅基地使用权的性质是什么？ >>>

宅基地使用权是一种用益物权。《民法典》第十三章专章予以规定，宅基地使用权人依法对集体所有的土地享有占有、使用的权利，有权依法利用该土地建造住宅及其附属设施。

21. 进城落户的农民能否继续保留宅基地使用权？>>>

进城落户的农民可以依法保留其原来合法取得的宅基地使用权。

按照《中共中央　国务院关于坚持农业农村优先发展做好"三农"工作的若干意见》（中发〔2019〕1 号）"坚持保障农民土地权益、不得以退出承包地和宅基地作为农民进城落户条件"规定精神，不能强迫进城落户农民放弃其合法取得的宅基地使用权。在此之前，《国土资源部关于进一步加快宅基地和集体建设用地确权登记发证有关问题的通知》（国土资发〔2016〕191 号）规定，"农民进城落户后，其原合法取得的宅基地使用权应予以确权登记。"

22. 农村宅基地和农房能否继承？>>>

农村宅基地不能继承，农房可以依法继承。

好在有你这儿子和这栋房子，将来我去世了，这块宅基地你能接着用。

农村宅基地所有权、宅基地使用权和房屋所有权相分离，宅基地所有权属于农民集体，宅基地使用权和房屋所有权属于农户。宅基地使用权人以户为单位，依法享有占有和使用宅基地的权利。在户内有成员死亡而农户存续的情况下，不发生宅基地继承问题。农户消亡时，权利主体不再存在，宅基地使用权灭失。同时，根据《民法典》的有关规定，被继承人的房屋作为其遗产由继承人继承。因房地无法分离，继承人继承房屋取得房屋所有权后，可以依法使用宅基地，但并不取得用益物权性质的宅基地使用权。

23. 什么是"房地一体"不动产权证？>>>

"房地一体"不动产权证是物权权利归属的凭证。根据《不动产登记暂行条例》《不动产登记暂行条例实施细则》《不动产登记操作规范（试行）》（国土资规〔2016〕6号）等的规定，将农村宅基地、集体建设用地及其上的建筑物、构筑物实行统一权籍调查和确权登记后，统一颁发"房地一体"的不动产权证书。

24. 办理"房地一体"不动产权证需要提交哪些材料？>>>

申请宅基地使用权及房屋所有权首次登记的，应当根据不同情况，提交下列材料：（一）申请人身份证和户口簿；（二）不动产权属证书或者有批准权的人民政府批准用地的文件等权属来源材料；（三）房屋符合规划或者建设的相关材料；（四）权籍调查表、宗地图、房屋平面图以及宗地界址点坐标等有关不动产界址、面积等材料；（五）其他必要材料。

因依法继承、分家析产、集体经济组织内部互换房屋等导致宅基地使用权及房屋所有权发生转移而申请登记的，申请人应当根据不同情况，提交下列材料：（一）不动产权属证书或者其他权属来源材料；（二）依法继承的材料；（三）分家析产的协议或者材料；（四）集体经济组织内部互换房屋的协议；（五）其他必要材料。

🌱 25. 对历史形成的超标占用宅基地如何确权登记？ >>>

根据原国土资源部、中央农村工作领导小组办公室、财政部、原农业部《关于农村集体土地确权登记发证的若干意见》（国土资发〔2011〕178 号）规定，按照不同的历史阶段对超面积的宅基地进行确权登记发证。

1982 年《村镇建房用地管理条例》实施前，农村村民建房占用的宅基地，在《村镇建房用地管理条例》实施后至今未扩大用地面积的，可以按现有实际使用面积进行确权登记；

1982 年《村镇建房用地管理条例》实施起至 1987 年《土地管理法》实施时止，农村村民建房占用的宅基地，超过当地规定的面积标准的，超过部分按当时国家和地方有关规定处理后，可以按实际使用面积进行确权登记；

1987 年《土地管理法》实施后，农村村民建房占用的宅基地，超过当地规定的面积标准的，按照实际批准面积进行确权登记。其面积超过各地规定标准的，可在土地登记簿和土地权利证书记事栏内注明超过标准的面积，待以后分户建房或现有房屋拆迁、改建、翻建、政府依法实施规划重新建设时，按有关规定作出处理，并按照各地规定的面积标准重新进行确权登记。

第三节　宅基地的利用方式

🌱 26. 闲置宅基地和闲置住宅盘活利用的主要方式有哪些？>>>

闲置宅基地盘活利用要统筹考虑区位条件、资源禀赋、环境容量、产业基础和历史文化传承等因素，选择适合本地实际的农村闲置宅基地和闲置住宅盘活利用模式。根据《农业农村部关于积极稳妥开展农村闲置宅基地和闲置住宅盘活利用工作的通知》（农经发〔2019〕4号），盘活利用主要有以下方式：

一是利用闲置住宅发展符合乡村特点的休闲农业、乡村旅游、餐饮民宿、文化体验、创意办公、电子商务等新产业新业态。

闲置宅基地存在多种利用方式

二是利用闲置住宅发展农产品冷链、初加工、仓储等一二三产业融合发展项目。

三是采取整理、复垦、复绿等方式，开展农村闲置宅基地整治，依法依规利用城乡建设用地增减挂钩、集体经营性建设用地入市等政策，为农民建房、乡村建设和产业发展等提供土地等要素保障。

27. 闲置宅基地和闲置住宅盘活利用的具体对象有哪些？>>>

《农业农村部关于积极稳妥开展农村闲置宅基地和闲置住宅盘活利用工作的通知》（农经发〔2019〕4号）提出，依法保护各类主体的合法权益，推动形成多方参与、合作共赢的良好局面。盘活利用的具体对象主要包括以下三类：

一是农村集体经济组织及其成员。在充分保障农民宅基地合法权益的前提下，支持农村集体经济组织及其成员采取自营、出租、入股、合作等多种方式盘活利用农村闲置宅基地和闲置住宅。鼓励有一定经济实力的农村集体经济组织对闲置宅基地和闲置住宅进行统一盘活利用。

二是返乡人员。支持返乡人员依托自有和闲置住宅发展适合的乡村产业项目。《国务院办公厅关于支持返乡下乡人员创业创新促进农村一二三产业融合发展的意见》（国办发〔2016〕84号）提出"支持返乡下乡人员依托自有和闲置农房院落发展农家乐。在符合农村宅基地管理规定和相关规划的前提下，允许返乡下乡人员和农民合作改建自住房。"

三是社会企业。引导有实力、有意愿、有责任的企业有序参与闲置宅基地和闲置住宅盘活利用工作。

28. 鼓励闲置宅基地盘活利用的支持政策有哪些？>>>

一是资金奖励和补助。统筹安排相关资金，用于农村闲置宅基地和闲置住宅盘活利用奖励、补助等。

二是金融创新支持盘活利用项目。条件成熟时，发行地方政府专项债券支持农村闲置宅基地和闲置住宅盘活利用项目。推动金融信贷产品和服务创新，为农村闲置宅基地和闲置住宅盘活利用提供支持。

三是资源项目社会推介。结合乡村旅游大会、农业嘉年华、农博会等活动，向社会推介农村闲置宅基地和闲置住宅资源。

29. 如何稳妥推进闲置宅基地盘活利用试点示范？ >>>

各地结合实际，选择一批地方党委政府重视、农村集体经济组织健全、农村宅基地管理规范、乡村产业发展有基础、农民群众积极性高的地区，有序开展农村闲置宅基地和闲置住宅盘活利用试点示范。突出乡村产业特色，整合资源创建一批民宿（农家乐）集中村、乡村旅游目的地、家庭工场、手工作坊等盘活利用样板。总结一批可复制、可推广的经验模式，探索一套规范、高效的运行机制和管理制度，以点带面、逐步推开。

30. 如何依法规范闲置宅基地盘活利用行为？ >>>

进一步加强宅基地管理，对利用方式、经营产业、租赁期限、流转对象等进行规范，防止侵占耕地、大拆大建、违规开发，确保盘活利用的农村闲置宅基地和闲置住宅依法取得、权属清晰。

要坚决守住法律和政策底线，不得违法收回农户合法取得的宅基地，不得违法违规买卖或变相买卖宅基地，严格禁止下乡利用农村宅基地建设别墅大院和私人会馆。

对利用闲置住宅发展民宿等项目，要按照 2018 年中央 1 号文件要求，尽快研究和推动出台消防、特种行业经营等领域便利市场准入、加强事中事后监管等措施。

31. 发展民宿利用农民农宅（房）有什么规定？ >>>

根据 2019 年文化和旅游部出台的《旅游民宿基本要求与评

价》（LB/T 065—2019），旅游民宿是指利用当地民居等相关闲置资源，经营用客房不超过 4 层、建筑面积不超过 800 平方米，主人参与接待，为旅客提供体验当地自然、文化与生产生活方式的小型住宿设施，分为城镇民宿和乡村民宿。旅游民宿的经营场地应符合本市县国土空间总体规划（包括现行城镇总体规划、土地利用规划）、所在地民宿发展有关规划。经营民宿应符合治安、消防、卫生、环境保护、安全等有关规定与要求，取得当地政府要求的相关证照。一些地方如北京、上海、海南等，因地制宜出台政策文件，对利用农房发展民宿作了具体规定，促进乡村民宿持续健康发展。

《中央农村工作领导小组办公室　农业农村部关于进一步加强农村宅基地管理的通知》（中农发〔2019〕11 号）规定，鼓励村集体和农民盘活利用闲置宅基地和闲置住宅，通过自主经营、合作经营、委托经营等方式，依法依规发展农家乐、民宿、乡村旅游等。城镇居民、工商资本等租赁农房居住或开展经营的，要严格遵守《民法典》的规定，租赁合同的期限不得超过二十年。合同到期后，双方可以另行约定。

32. 如何促进节约集约利用宅基地？ >>>

根据《土地管理法》的规定，农村村民建住宅应当符合乡（镇）土地利用总体规划、村庄规划，不得占用永久基本农田，并尽量使用原有的宅基地和村内空闲地。

《中央农村工作领导小组办公室、农业农村部关于进一步加强农村宅基地管理的通知》（中农发〔2019〕11号）进一步要求，合理安排宅基地用地，严格控制新增宅基地占用农用地，不得占用永久基本农田；涉及占用农用地的，应当依法先行办理农用地转用手续。城镇建设用地规模范围外的村庄，要通过优先安排新增建设用地计划指标、村庄整治、废旧宅基地腾退等多种方式，增加宅基地空间，满足符合宅基地分配条件农户的建房需求。城镇建设用地规模范围内，可以通过建设农民公寓、农民住宅小区等方式，满足农民居住需要。

33. 农村宅基地和农民住房可以抵押吗？ >>>

除全国人大常委会授权开展农民住房财产权抵押贷款试点的地区外，其他地方农村宅基地和农房不能抵押。

《民法典》第三百九十九条规定，宅基地、自留地、自留山等集体所有的土地使用权不得抵押，但法律规定可以抵押的除外。

同时，《民法典》第三百九十七条规定，以建筑物抵押的，该建筑物占用范围内的建设用地使用权一并抵押。以建设用地使用权抵押的，该土地上的建筑物一并抵押。即我国实行"房地一体"原则，因宅基地使用权不得抵押，造成其上农房事实上也不能抵押。

34. 宅基地上的房屋可以卖给城镇户籍人员（城里人）吗？ >>>

不可以。

《最高人民法院第八次全国法院民事商事审判工作会议（民

事部分）纪要》第十九条规定：在国家确定的宅基地制度改革试点地区，可以按照国家政策及相关指导意见处理宅基地使用权因抵押担保、转让而产生的纠纷。在非试点地区，农民将其宅基地上的房屋出售给本集体经济组织以外的个人，该房屋买卖合同认定为无效。

35. 城镇户籍子女（进城子女）可以回农村老家建造房屋吗？如何继承农村父母宅基地上的房屋？>>>

城镇户籍子女（进城子女）因丧失了农村集体经济组织成员身份，无法自行申请宅基地使用权，无法自行建房。

如果其农村父母任何一方健在，在父母原有的宅基地上（没有宅基地的，父母可以申请宅基地）子女可以帮助父母装修、翻建或者新盖房屋，但房屋仍在父母名下，父母去世后，方可继承。

36. 农村宅基地可以出租吗？具体年限是怎样的，承租方对宅基地上的房屋可以进行装修或改扩建吗？>>>

农村宅基地无法单独出租，宅基地上房屋可以出租。出租的对象不限，城镇户籍人员也可以，租房用于居住和商业经营均

可。最长时间不得超过 20 年，超过 20 年的，超过部分无效。合同到期后，租赁双方可另行约定，可续租，续租期限自续订之日起不超过 20 年。

承租方可依据出租合同约定进行房屋装修、改建或者扩建。如果需要进行改扩建（包括加盖、翻建）一般应经当地集体经济组织和乡（镇）审批。

第四节　宅基地的流转、抵押、买卖

37. 宅基地使用权流转的方式有哪些？>>>

宅基地使用权流转方式包括转让和出租。

38. 农村宅基地使用权转让必须满足什么条件？>>>

宅基地使用权转让须在征得宅基地所有权人同意的前提下，在村集体经济组织内部进行，且受让人须为符合宅基地申请条件的农村村民。各省（自治区、直辖市）对宅基地转让做出其他条件要求的，须同时满足规定要求。

39. 城镇居民能否在农村购买宅基地？>>>

不能。

《国务院关于深化改革严格土地管理的决定》（国发〔2004〕28 号）明确规定，禁止城镇居民在农村购置宅基地。《中央农村工作领导小组办公室、农业农村部关于进一步加强农村宅基地管理的通知》（中农发〔2019〕11 号）要求，"宅基地是农村村民的基本居住保障，严禁城镇居民到农村购买宅基地，严禁下乡利用农村宅基地建设别墅大院和私人会馆。严禁借流转之名违法违规圈占、买卖宅基地。"

40. 农房出租的最长年限是多少？>>>

《民法典》第七百零五条规定：租赁期限不得超过二十年。超过二十年的，超过部分无效。租赁期间届满，当事人可以续订租赁合同，但约定的租赁期限自续订之日起不得超过二十年。

《中央农村工作领导小组办公室、农业农村部关于进一步加强农村宅基地管理的通知》（中农发〔2019〕11 号）规定，城镇居民、工商资本等租赁农房居住或开展经营的，要严格遵守合同法的规定，租赁合同的期限不得超过二十年。合同到期后，双方可以另行约定。

41. 宅基地上的房屋可否用于抵押贷款？>>>

答：根据《民法典》第三百九十九条规定，宅基地、自留地、自留山等集体所有土地的使用权不得抵押，但是法律规定可以抵押的除外。在农民住房财产权抵押试点中，如果得到法律授权，则可以抵押。

42. 城镇居民可否使用宅基地？>>>

答：城镇居民可以通过继承、承租宅基地上的房屋来使用宅基地。因房地无法分离，继承人继承房屋取得房屋所有权；承租人承租房屋取得房屋使用权后，均可以依法使用宅基地。

43. 城镇居民可否取得农村住宅的所有权? >>>

答：城镇居民可通过继承取得农村住宅的所有权。

**44. 农村住宅可否买卖?** >>>

答：可以。但受让方（买方）须是农村住宅所在集体经济组织的成员（村民）。

45. 户口回到农村原籍的大学生和参军人员是否可以申请宅基地? >>>

答：可以。依据我国土地管理相关法律法规，农村实行一户一宅。大学生和参军人员回农村原籍地落户成功的，可以申请宅基地。

第五节　宅基地的退出与补偿

46. 村集体在什么情况下可以收回农民宅基地? >>>

有下列情形之一的，村集体报经原批准用地的人民政府批准，可以收回宅基地使用权：

（1）乡（镇）村公共设施和公益事业建设需要使用土地的，集体收回宅地基使用权，并对宅基地使用权人给予适当补偿；

（2）不按照批准的用途使用宅基地的；

（3）因撤销、迁移等原因而停止使用宅基地的；

（4）空闲或房屋坍塌、拆除两年以上未恢复使用的宅基地，不再确定土地使用权。已经确定使用权的，由集体报经县级人民政府批准，注销其土地登记，集体收回宅基地使用权；

（5）非农业户口居民（含华侨）原在农村的宅基地，房屋产权没有变化的，可依法确定其集体建设用地使用权。房屋拆除后没有批准重建的，集体收回宅基地使用权；

（6）在确定农村居民宅基地使用权时，其面积超过当地政府规定标准的，可在土地登记卡和权证内注明超过标准面积的数量。以后分户建房或现有房屋拆迁、改建、翻建或政府依法实施规划重新建设时，按当地政府规定的面积标准重新确定使用权，其超过部分由集体收回使用权；

（7）地方政府规定的其他情形。

47. 农村宅基地自愿有偿退出有哪些规定？>>>

《土地管理法》第六十二条规定：国家允许进城落户的农村村民依法自愿有偿退出宅基地，鼓励农村集体经济组织及其成员盘活利用闲置宅基地和闲置住宅。

《中央农村工作领导小组办公室、农业农村部关于进一步加强农村宅基地管理的通知》（中农发〔2019〕11号）规定：对进城落户的农村村民，各地可以多渠道筹集资金，探索通过多种方式鼓励其自愿有偿退出宅基地。

48. 村民变成市民后，其在农村的住宅如何处理？>>>

答：可以出租或者变卖。出租的对象没有任何限制，但如果变卖，则只能卖给本村村民。

49. 农民退出宅基地的程序是什么？ >>>

在宅基地制度改革试点探索中，农民退出宅基地主要包括以下步骤：农户提交书面申请、村审核、专业机构评估价值、农户与村集体签订协议、农户获得补偿、县级主管部门变更登记。

50. 农民自愿退出宅基地后还可以再申请吗？ >>>

从宅基地制度改革试点探索的情况看，部分试点地区区分宅基地退出情况，确定能否继续申请的方式，主要包括以下情形：

一是完全退出。自愿有偿退出合法占用的宅基地，且不再保留宅基地使用权申请资格的，不能再申请。该情形下，农户一般能获得完整补偿。

二是部分退出。退出合法占有的宅基地但继续保留宅基地使用权申请资格的，在约定期限内如有需要可以再申请。该情形下，农户可获得的退出补偿较少。

三是违法占用宅基地退出。对农民违法违规超占、多占的宅基地，各地一般采用无偿退出方式，退出后不能再申请。

51. 农民退出的宅基地如何利用？ >>>

《中央农村工作领导小组办公室、农业农村部关于进一步加强农村宅基地管理的通知》（中农发〔2019〕11号）提出，在尊重农民意愿并符合规划的前提下，鼓励村集体对退出的宅基地进行土地综合整治，整治出的土地优先用于满足农民新增宅基地需求、村庄建设和乡村产业发展。闲置宅基地盘活利用产生的土地增值收益要全部用于农业农村。

52. 农村宅基地征收如何补偿？ >>>

对宅基地征收，《民法典》《土地管理法》都做了明确规定。《民法典》第二百四十三条第二款规定：为了公共利益的需要，征收集体所有的土地，应当依法及时足额支付土地补偿费、安置补助费以及农村村民住宅、其他地上附着物和青苗等的补偿费等费用，并安排被征地农民的社会保障费用，保障被征地农民的生活，维护被征地农民的合法权益。征收组织、个人的房屋及其他不动产，应当依法给予征收补偿，维护被征收人的合法权益；征收个人住宅的，还应当保障被征收人的居住条件。

《土地管理法》第四十八条第四款规定：征收农用地以外的其他土地、地上附着物和青苗等的补偿标准，由省、自治区、直辖市制定。对其中的农村村民住宅，应当按照先补偿后搬迁、居住条件有改善的原则，尊重农村村民意愿，采取重新安排宅基地建房、提供安置房或者货币补偿等方式给予公平、合理的补偿，并对因征收造成的搬迁、临时安置等费用予以补偿，保障农村村民居住的权利和合法的住房财产权益。

53. 如何保障农民宅基地合法权益？ >>>

宅基地是农村村民的基本居住保障用地。《中央农村工作领导小组办公室、农业农村部关于进一步加强农村宅基地管理的通知》（中农发〔2019〕11 号）要求：要充分保障宅基地农户资格权和农

民房屋财产权。不得以各种名义违背农民意愿强制流转宅基地和强迫农民"上楼"，不得违法收回农户合法取得的宅基地，不得以退出宅基地作为农民进城落户的条件。严格控制整村撤并，规范实施程序，加强监督管理。严禁借流转之名违法违规圈占、买卖宅基地。

第六节　宅基地的监督管理

54. 农业农村部关于宅基地有哪些职能？>>>

根据《土地管理法》和农业农村部"三定"方案，农业农村部负责农村宅基地改革和管理有关工作。承担农村宅基地制度改革工作，负责起草农村宅基地管理和使用相关法律法规草案及政策，指导宅基地分配、使用、流转、纠纷仲裁管理和宅基地合理布局、用地标准、违法用地查处，指导闲置宅基地和闲置农房利用。

55. 农业农村部门与自然资源部门关于农村宅基地的职责分工是什么？>>>

按照部门"三定"方案，农业农村部门负责农村宅基地改革和管理有关工作；自然资源部门负责土地等国土空间用途转用、土地整理复垦、不动产统一确权登记、拟订国土空间规划并监督实施等工作。具体工作中，村庄规划、土地利用年度计划、乡村建设规划许可、房地一体的宅基地使用权确权登记颁证等工作由自然资源部门负责，宅基地的管理、改革、利用、调查、监管等工作由农业农村部门负责。

56. 农村宅基地管理的工作机制是什么？>>>

农村宅基地管理机制是部省指导、市县主导、乡镇主责、村级主体。宅基地管理工作的重心在基层，县乡政府承担属地责任，农业农村部门负责行业管理，具体工作由农村经营管理部门承担。县乡政府要强化组织领导，切实加强基层农村经营管理体系的建设，加大支持力度，充实力量，落实经费，改善条件，确保工作有人干、责任有人负。

57. 农村宅基地审批监管"三到场"指什么？>>>

农村宅基地审批监管"三到场"是指宅基地申请审查到场、开工前丈量批放到场和建成后核查验收到场。

宅基地申请审查到场：收到宅基地和建房（规划许可）申请后，乡镇政府要及时组织农业农村、自然资源部门实地审查申请人是否符合条件、拟用地是否符合规划和地类等。

开工前丈量批放到场：经批准用地建房的农户，应当在开工前向乡镇政府或授权的牵头部门申请划定宅基地用地范围，乡镇政府及时组织农业农村、自然资源等部门到现场进行开工查验，实地丈量批放宅基地，确定建房位置。

建成后核查验收到场：农户建房完工后，乡镇政府组织相关部门进行验收，实地检查农户是否按照批准面积、四至等要求使用宅基地，是否按照批准面积和规划要求建设住房，并出具《农村宅基地和建房（规划许可）验收意见表》。

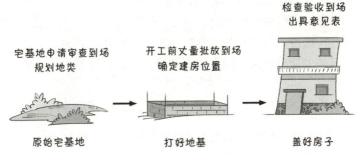

宅基地从划定到建房，乡镇政府有关人员要"三到场"

58. 村级组织在宅基地日常管理中应发挥什么作用？>>>

农村宅基地归农民集体所有，集体经济组织或村委会行使农村宅基地所有权。村级组织在乡镇政府的指导下，要健全完善本村宅基地民主管理办法，探索设立村级宅基地协管员，依法管好用好宅基地。在申请审批过程中，负责初步审核并全程参与落实"三到场"要求，重点参与乡镇政府组织的现场开工查验，实地丈量批放宅基地，确定建房位置；农户建房完工后，参与乡镇政府组织的验收环节，实地检查农户是否按照批准面积、四至等要求使用宅基地，是否按照批准面积和规划要求建设住房。加强农村宅基地日常巡查，及时发现和制止涉及宅基地的各类违法违规行为，并将不听劝阻、拒不改正的情况及时向上级报告。

59. 如何推进农村宅基地历史遗留问题化解？ >>>

"一户多宅"、面积超标等农村宅基地历史遗留问题成因复杂，涉及农民群众切身利益，要因地制宜，对照法律和政策进行分类认定，妥善处置。

一是结合第三次全国国土调查等工作，开展农村宅基地统计调查，掌握基本情况。

二是结合房地一体的宅基地使用权确权登记颁证，按照不同时期的法律和政策，分类处理。

三是结合实施村庄规划、乡村建设、农村人居环境整治等，对多占、超占、乱占宅基地等按照规划进行逐步调整。

四是引导村级通过民主协商和村民自治，逐步化解一部分遗留问题。

五是加强农村宅基地管理，防止产生新的违法违规行为。

60. 农民非法占地建房应承担什么法律责任？ >>>

我国实行最严格的耕地保护制度和节约用地制度，坚持土地用途管制，严禁超标准占用宅基地。对违法违规占地建房行为，土地管理法、城乡规划法明确了相应的法律责任。

《土地管理法》第七十五条规定：违反本法规定，占用耕地建窑、建坟或者擅自在耕地上建房、挖砂、采石、采矿、取土等，破坏种植条件的，或者因开发土地造成土地荒漠化、盐渍化的，由县级以上人民政府自然资源主管部门、农业农村主管部门等按照职责责令限期改正或者治理，可以并处罚款；构成犯罪的，依法追究刑事责任。

《土地管理法》第七十七条规定：未经批准或者采取欺骗手段骗取批准，非法占用土地的，由县级以上人民政府自然资源主管部门责令退还非法占用的土地，对违反土地利用总体规划擅自将农用地改为建设用地的，限期拆除在非法占用的土地上新建的建筑物和其他设施，恢复土地原状；对符合土地利用总体规划的，没收在非法占用的土地上新建的建筑物和其他设施，可以并处罚款；对非法占用土地单位的直接负责的主管人员和其他直接责任人员，依法给予处分；构成犯罪的，依法追究刑事责任。超过批准的数量占用土地，多占的土地以非法占用土地论处。

《土地管理法》第七十八条规定：农村村民未经批准或者采取欺骗手段骗取批准，非法占用土地建住宅的，由县级以上人民政府农业农村主管部门责令退还非法占用的土地，限期拆除在非法占用的土地上新建的房屋。超过省、自治区、直辖市规定的标准，多占的土地以非法占用土地论处。

《城乡规划法》第六十五条规定：在乡、村庄规划区内未依法取得乡村建设规划许可证或者未按照乡村建设规划许可证的规定进行建设的，由乡、镇人民政府责令停止建设、限期改正；逾期不改正的，可以拆除。

🌱 61. 查处农村宅基地违法行为的执法程序是什么？ >>>

宅基地违法用地行为行政执法中，规定县级以上农业农村主管部门依据《土地管理法》第六十七条、六十八条，首先是责令停止违法行为，履行监督检查权；其次是责令限期拆除，作出责令限期拆除的行政处罚决定。如果违法行为继续，按《土地管理法》第八十三条处理。

《土地管理法》第八十三条规定，责令限期拆除在非法占用的土地上新建的建筑物和其他设施的，建设单位或者个人必须立即停止施工，自行拆除；对继续施工的，作出处罚决定的机关有权制止。建设单位或者个人对责令限期拆除的行政处罚决定不服的，可以在接到责令限期拆除决定之日起十五日内，向人民法院起诉；期满不起诉又不自行拆除的，由作出处罚决定的机关依法申请人民法院强制执行，费用由违法者承担。

按照中央深化行政执法体制改革精神和中共中央办公厅、国务院办公厅《关于推进基层整合审批服务执法力量的实施意见》（中办发〔2019〕5号）要求，各地可探索按照法定程序和要求逐步将农村宅基地执法权赋予乡镇人民政府实施，

62. 农村宅基地纠纷有哪些化解途径？>>>

《土地管理法》第十四条规定，土地所有权和使用权争议，由当事人协商解决；协商不成的，由人民政府处理。

单位之间的争议，由县级以上人民政府处理；个人之间、个人与单位之间的争议，由乡级人民政府或者县级以上人民政府处理。

当事人对有关人民政府的处理决定不服的，可以自接到处理决定通知之日起三十日内，向人民法院起诉。

在土地所有权和使用权争议解决前，任何一方不得改变土地利用现状。

宅基地纠纷还可通过人民调解解决。人民调解是指在调解委员会（包括城市的居民委员会和农村的村民委员会）的主持下，以国家的法律、法规规章、政策和社会公德为依据，对民间纠纷当事人进行说服教育、规劝疏导，促进纠纷当事人互相谅解，平等协商，从而自愿达成协议，消除纷争的一种群众自治活动。人民调解是现行调解制度的一个重要组成部分，是我国法制建设的一项独特制度。

63. 农村宅基地管理应做好哪些基础工作？>>>

结合国土调查、宅基地使用权确权登记颁证等工作，推动建立农村宅基地统计调查制度，组织开展宅基地和农房利用现状调查，全面摸清宅基地规模、布局和利用情况。逐步建立宅基地基础信息数据库和管理信息系统，推进宅基地申请、审批、流转、退出、违法用地查处等的信息化管理。

加强调查研究，及时研究解决宅基地管理和改革过程中出现的新情况新问题，注意总结基层和农民群众创造的好经验好做法，贯彻落实新修订的《土地管理法》，及时修订完善各地宅基地管理办法。

加强组织领导，强化自身建设，加大法律政策培训力度，以工作促体系、建队伍，切实做好宅基地管理工作。

CHAPTER3 第三章

主管部门对农村宅基地
使用和管理的权威解答

第一节　农村乱占耕地建房"八不准"

2020 年 7 月 29 日，自然资源部、农业农村部联合下发了《关于农村乱占耕地建房"八不准"的通知》（自然资发〔2020〕127 号），进一步规范农村建房用地行为。《通知》列出的八种情形，每一种情形的表述虽然简单，却涵盖了多种违法情形。对于不同的违法行为，需要根据具体的违法事实，依法作出处罚。

64. 不准占用永久基本农田建房 >>>

《土地管理法》规定，国家实行永久基本农田保护制度，永久基本农田经依法划定后，任何单位和个人不得擅自占用或者改变用途，农村村民建住宅亦不得占用永久基本农田。为此，通知明确"不准占用永久基本农田建房"，并将其摆在 8 类乱占耕地建房情形的首位，以突出不准乱占耕地特别是永久基本农田建房的总要求。

65. 不准强占多占耕地建房 >>>

《土地管理法》规定，超过批准的数量占地建房，多占的土地以非法占用土地论处。强占耕地建房行为未经合法审批，多占耕地建房行为超出了合法批准的面积，均应明令禁止。

66. 不准买卖、流转耕地违法建房 >>>

《土地管理法》规定，国家实行用途管制制度。任何单位和个人不得侵占、买卖或者以其他形式非法转让土地用于建房等非农业建设。以买卖、流转耕地等方式建房，改变了耕地的农用地性质，应明令禁止。

67. 不准在承包耕地上违法建房 >>>

《土地管理法》《中华人民共和国土地承包法》规定，承包经营土地的单位和个人，有保护和按照承包合同约定的用途合理利用土地的义务，未经依法批准不得将承包地用于非农业建设。因此，《通知》明确不准在承包耕地上违法建房。

68. 不准巧立名目违法占用耕地建房 >>>

"乡村振兴""美丽乡村""新农村建设""设施农业"、异地扶贫、移民搬迁等涉及非农业建设的，均须依法办理用地审批手续。《通知》针对这些情况做出禁止性的规定，旨在防止再出现以各种名义未经批准占用耕地搞休闲、旅游、养老等非农业产业。

69. 不准违反"一户一宅"规定占用耕地建房 >>>

《土地管理法》规定，农村村民一户只能拥有一处宅基地。农村村民出卖、出租、赠予住宅后，再申请宅基地的，不予批准。违反"一户一宅"规定占用耕地建房，应明令禁止。

70. 不准非法出售占用耕地建的房屋 >>>

违法占用农民集体所有的土地特别是耕地建的房屋属于违法建筑，相关买卖行为不受法律保护，不能办理不动产登记。因此，应予以禁止。

71. 不准违法审批占用耕地建房 >>>

农用地转用手续等用地审批须由有权机关依照法定权限及法定程序作出。单位或者个人非法批准占地建房的，批准文件无效。

需要注意的是，自然资源部执法局局长崔瑛指出，《通知》规定了不准乱占耕地建房的八种情形，并不意味着没有列入的行为就是允许的。对"八不准"未涵盖的其他农村乱占耕地行为，也要依法依规予以严厉打击。

第二节　主管部门关于农村宅基地、闲置用地的11条答复

2020年8月28日，农业农村部在其网站上公布了四篇对十三届全国人大三次会议关于农村土地、宅基地建议的答复摘要，

现综合整理如下。

72. 关于宅基地制度改革法律授权 >>>

为盘活利用农村闲置宅基地，促进农村土地资源合理利用，2019 年修正的《土地管理法》第六十二条第六款规定，国家允许进城落户的农村村民依法自愿有偿退出宅基地，鼓励农村集体经济组织及其成员盘活利用闲置宅基地和闲置住宅。《民法典》第三百九十九条规定，宅基地、自留地、自留山等集体所有土地的使用权不得抵押，但是法律规定可以抵押的除外。按照党中央关于重大改革于法有据的要求和立法法的规定，各项改革举措，凡涉及调整现行法律的，应由有关方面按法定程序向全国人大或其常委会提出相关议案，经授权或者决定后实施。如果有关方面统筹研究后确定需要在特定地区实施农村宅基地制度改革试点并需要调整适用有关法律规定的，按程序提出相关议案后，全国人大常委会法制工作委员会将按照职责分工，积极配合做好相关工作。

73. 关于加强宅基地制度改革指导 >>>

2015 年以来，全国 33 个县（市、区）开展农村宅基地制度改革试点。试点地区按照"依法公平取得、节约集约使用、自愿有偿退出"的目标要求，在完善宅基地权益保障和取得方式、探索宅基地有偿使用和自愿有偿退出机制、完善宅基地管理制度等方面开展试点。农村宅基地制度改革试点取得了积极进展，但农村宅基地制度中的深层次矛盾和问题依然存在，需要进一步深化改革试点。2019 年中央 1 号文件提出，稳慎推进农村宅基地制度改革，拓展改革试点，丰富试点内容，完善制度设计。2020 年中央 1 号文件提出，以探索宅基地所有权、资格权、使用权"三权分置"为重点，进一步深化农村宅基地制度改革试点。按照党中央、国务院部署，中央农办、农业农村部研究起草了深化农村宅基地制度改革试点的有关文件。2020 年 6 月 30 日，中央全面深化改革委员会第十四次会议审议通过了《深化农村宅基地制度改革试点方案》。

农业农村部会认真贯彻党中央、国务院的决策部署，会同财政部、自然资源部等有关部门指导各地有序组织开展新一轮农村宅基地制度改革试点，鼓励和推动试点地区先行先试，不断激发农村活力，推动农村改革发展。在原有 33 个试点县（市、区）的基础上，再选择一批重点地区围绕宅基地所有权、资格权、使用权"三权分置"进行探索，落实宅基地集体所有权，保障宅基地农户资格权和农民房屋财产权，适度放活宅基地和农民房屋使用权。

74. 关于完善宅基地管理政策规定 >>>

农业农村部高度重视农村宅基地管理工作。2019 年，中央农办、农业农村部印发《关于进一步加强农村宅基地管理的通知》，重申了国家对宅基地管理的有关规定和政策，进一步明确了宅基地管理的红线、底线和鼓励的方向；联合自然资源部印发《关于规范农村宅基地审批管理的通知》，明确了两部门职责和宅基地申请审批的具体流程。今年，针对农村乱占耕地建房问题，自然资源部联合农业农村部印发《关于农村乱占耕地建房"八不准"的通知》（自然资发〔2020〕127 号）《关于保障农村村民住宅建设合理用地的通知》（自然资发〔2020〕128 号），对农民住宅建设用地从空间规划、用地指标、耕地占补平衡、申请审批等方面作出明确规定。这些文件的出台，推动形成了较为完整的农村宅基地管理制度体系。

农业农村部将会同自然资源部等部门，加强指导督促，指导地方抓好文件贯彻落实，规范和加强农村宅基地管理，切实保障农民群众宅基地合法权益。

75. 关于宅基地自愿有偿退出机制 >>>

2015 年至 2019 年，按照党中央、国务院的部署，全国 33

个县（市、区）开展农村宅基地制度改革试点。各地按照"依法公平取得、节约集约使用、自愿有偿退出"的目标要求，积极探索建立宅基地有偿使用和退出机制，取得明显成效。为促进农村土地资源合理利用，2019年修正的《土地管理法》第六十二条第六款明确规定，国家允许进城落户的农村村民依法自愿有偿退出宅基地，鼓励农村集体经济组织及其成员盘活利用闲置宅基地和闲置住宅。2020年6月30日，中央全面深化改革委员会第十四次会议审议通过了《深化农村宅基地制度改革试点方案》。

农业农村部将认真贯彻党中央、国务院的决策部署，在原有33个试点县（市、区）的基础上，再选择一批重点地区开展新一轮农村宅基地制度改革试点，重点围绕宅基地所有权、资格权、使用权"三权分置"进行探索。指导有关试点地区积极探索宅基地自愿有偿退出机制，总结一批可复制、能推广、惠民生、利修法的制度创新成果，为乡村振兴提供土地等要素保障。

76. 关于闲置宅基地盘活利用 >>>

近年来，国务院及有关部门先后制定出台了一系列支持政策，结合农村宅基地制度改革试点、农村一二三产业融合发展、村庄规划编制、农村土地综合整治、城乡建设用地增减挂钩和集体经营性建设用地入市等工作，支持各地采取有力措施盘活农村闲置土地，提高资源利用效率，增加农民财产性收入。

一是出台盘活利用农村闲置土地的政策文件。《国务院办公厅关于推进农村一二三产业融合发展的指导意见》（国办发〔2015〕93号）提出，通过农村闲置宅基地整理、土地整治等新增的耕地和建设用地，优先用于农村产业融合发展。《国务院办公厅关于支持返乡下乡人员创业创新促进农村一二三产业融合发展的意见》（国办发〔2016〕84号）提出，城乡建设用地增减挂钩政策腾退出的建设用地指标，以及通过农村闲置宅基地整理新增的耕地和建设用地，重点支持返乡下乡人员创业创新。文化和旅游部等17部门印发的《关于促进乡村旅游可持续发展的指导意见》（文旅资源发〔2018〕98 号）提出，在符合生态环境保护要求和相关规划的前提下，鼓励各地按照相关规定，盘活农村闲置建设用地资源，开展城乡建设用地增减挂钩，优化建设用地结构和布局，促进休闲农业和乡村旅游发展。2019 年，农业农村部印发《关于积极稳妥做好农村闲置宅基地和闲置住宅盘活利用工作的通知》（农经发〔2019〕4 号），指导各地在依法维护农民宅基地合法权益和严格规范宅基地管理的基础上，探索盘活利用农村闲置宅基地和闲置住宅的有效途径和政策措施。这些文件的出台，为盘活农村闲置土地，激发乡村发展活力，促进乡村振兴提供了有力支撑。

二是探索开展农村土地综合整治。2005 年以来，自然资源部按照国家有关规定，开展城乡建设用地增减挂钩试点，支持各地整治低效利用的农村建设用地。2019 年，自然资源部印发《关于开展全域土地综合整治试点工作的通知》（自然资发〔2019〕194 号），提出 2020 年在全国部署不少于 300 个全域土地综合整治试点，以科学规划为前提，以乡镇为基本实施单元，整体推进农用地整理、建设用地整理和乡村生态保护修复，优化生产、生活、生态空间格局，促进耕地保护和土地节约集约利用，改善农村人居环境。

三是推进农村宅基地制度改革试点。2015 年以来，按照党中央、国务院的部署，全国 33 个县（市、区）开展了农村宅基地制度改革试点。试点地区按照"依法公平取得、节约集约使用、自愿有偿退出"的目标要求，积极探索建立宅基地有偿使用和退出机制，取得明显成效。按照 2019 年中央 1 号文件、2020 年中央 1 号文件的要求，中央农办、农业农村部研究起草了深化农村宅基地制度改革试点的有关文件。2020 年 6 月 30 日，中央全面深化改革委员会第十四次会议审议通过了《深化农村宅基地制度改革试点方案》。

农业农村部将会同自然资源部等部门，指导各地积极稳妥开展农村闲置宅基地和闲置住宅盘活利用工作，鼓励农村集体经济组织及其成员采取自营、出租、入股、合作等方式盘活利用闲置宅基地和闲置住宅，发展休闲农业、乡村旅游、餐饮民宿、文化体验、电子商务等乡村产业，拓宽农民增收渠道。

🌿 77. 关于深化农村宅基地制度改革试点 >>>

农村宅基地制度改革事关农民切身利益，事关农村社会稳定和发展大局，是深化农村改革的重要内容。2015 年至 2019 年，全国 33 个县（市、区）开展农村宅基地制度改革试点。2018 年中央 1 号文件提出，探索宅基地所有权、资格权、使用权"三权分置"，这是我国农村土地制度的又一重大创新，也是适应我国城乡融合发展趋势的客观要求。2019 年以来，中央农办、农业农村部研究起草了深化农村宅基地制度改革试点的有关文件。2020 年 6 月 30 日，中央全面深化改革委员会第十四次会议审议通过了《深化农村宅基地制度改革试点方案》。

农业农村部将会同有关部门，按照党中央、国务院的决策部署，在原有 33 个试点县（市、区）的基础上，再选择一批重点地区开展新一轮农村宅基地制度改革试点。在试点中，将认真借鉴有关建议，指导试点地区积极探索落实宅基地集体所有权、保障宅基地农户资格权和农民房屋财产权、适度放活宅基地和农民房屋使用权的具体路径和办法。重点在探索宅基地农户资格权保障机制、探索宅基地使用权流转制度、探索宅基地自愿有偿退出机制、探索宅基地有偿使用制度、健全宅基地收益分配机制等方面开展试点，总结一批可复制、能推广、惠民生、利修法的制度创新成果。

考虑到农村宅基地制度改革十分复杂和敏感，在改革试点中必须严守土地公有制性质不改变、耕地红线不突破、农民利益不受损的底线；严格禁止下乡利用宅基地建设别墅大院和私人会馆等，坚决防止打着农村宅基地制度改革旗号，行违法违规买卖宅基地之实；严格规范宅基地有偿使用、流转等行为，不得以各种名义违背农民意愿强制其退出宅基地和强迫农民"上楼"，不得违法收回农民合法取得的宅基地，不得以退出宅基地作为农民进城落户的条件，切实维护农民合法权益。

 78. 关于农村闲置土地调查摸底 >>>

随着城镇化快速推进，农业转移人口数量不断增加，农村土地资源闲置问题日显突出。近年来，有关部门在农村闲置土地调查方面开展了相关工作。自然资源部牵头组织了第三次全国国土调查，对农村土地地类、位置、范围、面积等情况进行实地调查，查清农村土地利用现状。从 2018 年开始，农业农村部连续 3 年采取问卷调查和入户调查的方式，对全国农村宅基地和农房利用情况进行了抽样调查，初步掌握了农村闲置土地的有关情况，为盘活利用农村闲置土地提供了基础数据支撑。自然资源部、农业农村部将会同有关部门，加强农村闲置土地调查摸底工作。同时，农业农村部将充分发挥大数据作用，研究建设农村宅基地管理信息平台，形成宅基地数据一张图、管理一条链、监测一张网，推进宅基地数字化管理。

79. 关于农村闲置土地盘活利用 >>>

近年来，国务院及有关部门先后制定出台了一系列政策，支持各地采取有力措施盘活农村闲置土地，提高资源利用效率，增加农民财产性收入。

一是出台盘活利用农村闲置土地的政策文件。《国务院办公厅关于推进农村一二三产业融合发展的指导意见》（国办发〔2015〕93 号）提出，通过农村闲置宅基地整理、土地整治等新增的耕地和建设用地，优先用于农村产业融合发展。《国务院办公厅关于支持返乡下乡人员创业创新促进农村一二三产业融合发展的意见》（国办发〔2016〕84 号）提出，城乡建设用地增减挂钩政策腾退出的建设用地指标，以及通过农村闲置宅基地整理新增的耕地和建设用地，重点支持返乡下乡人员创业创新。文化和旅游部等 17 部门印发的《关于促进乡村旅游可持续发展的指导意见》（文旅资源发〔2018〕98 号）提出，在符合生态环境保护要求和相关规划的前提下，鼓励各地按照相关规定，盘活农村闲置建设用地资源。2019 年 9 月，农业农村部印发《关于积极稳妥做好农村闲置宅基地和闲置住宅盘活利用工作的通知》（农经发〔2019〕4 号），指导各地探索盘活利用农村闲置宅基地和闲置住宅的有效途径和政策措施。

二是探索开展农村土地综合整治。2005 年以来，自然资源部按照国家有关规定，开展城乡建设用地增减挂钩试点，支持各地整治低效利用的农村建设用地。2019 年，自然资源部印发《关于开展全域土地综合整治试点工作的通知》（自然资发〔2019〕194 号），提出 2020 年在全国部署不少于 300 个全域土地综合整治试点，以科学规划为前提，以乡镇为基本实施单元，整体推进农用地整理、建设用地整理和乡村生态保护修复，优化生产、生活、生态空间格局，促进耕地保护和土地节约集约利用，改善农村人居环境。

三是推进农村宅基地制度改革试点。2015 年以来，按照党中央、国务院的部署，全国 33 个县（市、区）开展了农村宅基地制度改革试点。试点地区按照"依法公平取得、节约集约使用、自愿有偿退出"的目标要求，积极探索建立宅基地有偿使用和退出机制，取得明显成效。按照 2019 年、2020 年中央 1 号文件的要求，中央农办、农业农村部研究起草了深化农村宅基地制度改革试点的有关文件。2020 年 6 月 30 日，中央全面深化改革委员会第十四次会议审议通过了《深化农村宅基地制度改革试点方案》。

农业农村部将会同自然资源部等部门，加快盘活农村闲置土地资源，促进乡村振兴发展。一是启动新一轮农村宅基地制度改革试点。在原有 33 个试点县（市、区）的基础上，再选择一批重点地区开展新一轮改革试点，重点围绕宅基地所有权、资格权、使用权"三权分置"进行探索，落实宅基地集体所有权，保障宅基地农户资格权和农民房屋财产权，适度放活宅基地和农民房屋使用权。二是完善农民闲置宅基地和闲置农房政策。指导各地积极稳妥开展农村闲置宅基地和闲置住宅盘活利用工作，鼓励农村集体经济组织及其成员采取自营、出租、入股、合作等方式盘活利用闲置宅基地和闲置住宅，发展休闲农业、乡村旅游、餐饮民宿、文化体验、电子商务等乡村产业。三是推进集体经营性建设用地入市。自然资源部组织开展了《农村集体经营性建设用地入市指导意见》制定工作，明确依法自愿有偿退出的宅基地、腾退的其他用途集体建设用地和空闲土地资源，经国土空间规划确定为工业、商业等经营性用途并依法登记后，可通过出让、出租等方式入市交易。

80. 关于优化土地供给 >>>

从 2005 年起，自然资源部按照国家有关规定，规范开展城乡建设用地增减挂钩试点，将农村闲置、散乱的宅基地等建设用地整理腾退，节约的建设用地，优先用于农民新居、农村基础设施建设以及农村康养、旅游等产业用地，有效改善了农村生产生活条件，解决了农民建房、农村产业发展用地等问题，促进了城乡统筹发展和美丽乡村建设。为贯彻落实新修订的《土地管理法》，自然资源部正在组织制定《农村集体经营性建设用地入市指导意见》，按照同地同权同责，同等进入城乡统一的建设用地市场的原则，明确依法自愿有偿退出的宅基地、腾退的其他用途集体建设用地和空闲土地资源，经国土空间规划确定为工业、商业等经营性用途并依法登记后，可通过出让、出租等方式入市交易，支持乡村振兴战略用地需求。

自然资源部、农业农村部将会同有关部门，完善城乡建设用地增减挂钩政策，在优化城乡建设用地布局的同时，改善农村生产生活条件和生态环境；抓紧制定出台《农村集体经营性建设用地入市指导意见》，为各地稳妥推进集体经营性建设用地入市工作提供具体指导；督促各地认真落实相关产业用地支持政策，保障农业农村发展用地需求，推动乡村振兴战略实施，促进乡村产业高质量发展。

81. 关于土地管理相关法律法规宣传 >>>

国务院有关部门一直高度重视土地管理法律法规宣传工作，将《土地管理法》《闲置土地处置办法》等土地管理相关法律法规作为自然资源法治宣传教育的重点内容，开展自然资源法律法规进机关、进乡村、进社区、进学校、进企业、进单位的"法律六进"主题活动，不断延伸法律服务触角，形成扎根基层、机制完善的自然资源法治宣传体系。新修订的《土地管理法》正式实施后，自然资源部、农业农村部等部门充分运用广播、电视、报纸、网站、微信、微博、移动客户端等媒体，面向社会公众广泛宣传土地管理法律知识，营造学法、知法、守法、用法的良好氛围。

自然资源部、农业农村部将会同有关部门，继续做好土地管理相关法律法规、政策文件等的解读和宣传工作，不断增强农村基层干部和广大农民群众的法治意识。

第三节 宅基地和集体建设用地使用权确权登记工作问答

2020 年 7 月 22 日，为进一步做好宅基地和集体建设用地使用权确权登记工作，自然资源部组织印发了《宅基地和集体建设用地使用权确权登记工作问答》。其具体内容如下：

工 作 组 织

82. 党中央、国务院对宅基地和集体建设用地使用权确权登记工作提出过哪些明确要求? >>>

党中央、国务院高度重视宅基地和集体建设用地使用权确权登记工作。党的十七届三中全会明确提出，"搞好农村土地确权、登记、颁证工作"。2010 年以来，中央 1 号文件多次对宅基地、集体建设用地使用权确权登记工作作出部署和要求。2010 年提出，"加快农村集体土地所有权、宅基地使用权、集体建设用地使用权等确权登记颁证工作"；2012 年要求，"2012 年基本完成覆盖农村集体各类土地的所有权确权登记颁证，推进包括农户宅基地在内的农村集体建设用地使用权确权登记颁证工作"；2013 年要求，"加快包括农村宅基地在内的农村集体土地所有权和建设用地使用权地籍调查，尽快完成确权登记颁证工作。农村土地确权登记颁证工作经费纳入地方财政预算，中央财政予以补助"；2014 年提出，"加快包括农村宅基地在内的农村地籍调查和农村集体建设用地使用权确权登记颁证工作"；2016 年要求，"加快推进房地一体的农村集体建设用地和宅基地使用权确权登记颁证，所需工作经费纳入地方财政预算"；2017 年强调，"全面加快"房地一体"的农村宅基地和集体建设用地确权登记颁证工作"；2018 年提出，"扎实推进房地一体的农村集体建设用地和宅基地使用权确权登记颁证，加快推进宅基地'三权分置'改革"；2019 年要求，"加快推进宅基地使用权确权登记颁证工作，力争 2020 年基本完成"；2020 年强调，"扎实推进宅基地和集体建设用地使用权确权登记颁证"。

另外，2019 年《中共中央　国务院关于建立健全城乡融合发展体制机制和政策体系的意见》（中发〔2019〕12 号）要求，"加快完成房地一体的宅基地使用权确权登记颁证"；2020 年《中共中央　国务院关于构建更加完善的要素市场化配置体制机制的意见》（中发〔2020〕9 号）要求，"在国土空间规划编制、农村房地一体不动产登记基本完成的前提下，建立健全城乡建设用地供应三年滚动计划"。

🌱83. 当前宅基地和集体建设用地使用权确权登记工作重点是什么？〉〉〉

《自然资源部关于加快宅基地和集体建设用地使用权确权登记工作的通知》（自然资发〔2020〕84 号）明确要求，以未确权登记的宅基地和集体建设用地为工作重点，按照不动产统一登记要求，加快地籍调查，对符合登记条件的办理房地一体不动产登记。对于未开展地籍调查的，要尽快开展房地一体地籍调查，完成房地一体不动产登记；已完成宅基地、集体建设用地地籍调查但没有完成农房调查的，要尽快补充调查农房信息，完成房地一体的不动产登记。

84. 在宅基地和集体建设用地使用权确权登记工作中为什么要坚持"不变不换"原则？>>>

《不动产登记暂行条例》第三十三条规定，"本条例施行前依法颁发的各类不动产权属证书和制作的不动产登记簿继续有效"。《不动产登记暂行条例实施细则》第一百零五条规定，"本实施细则施行前，依法核发的各类不动产权属证书继续有效。不动产权利未发生变更、转移的，不动产登记机构不得强制要求不动产权利人更换不动产权属证书"。坚持"不变不换"是不动产登记法律制度的要求，是对原有登记成果的尊重和延续，也是保持工作稳定性和连续性的需要。因此，已分别颁发宅基地、集体建设用地使用权证书和房屋所有权证书的，遵循"不变不换"原则，原证书仍合法有效。

85. 在宅基地和集体建设用地使用权确权登记工作中如何落实"房地一体"登记要求？>>>

《国土资源部 财政部 住房和城乡建设部 农业部 国家林业局关于进一步加快推进宅基地和集体建设用地使用权确权登记发证工作的通知》（国土资发〔2014〕101号）要求，各地要以登记发证为主线，因地制宜，采用符合实际的调查方法，将农房等集体建设用地上的建（构）筑物纳入工作范围，实现统一调查、统一确权登记。《不动产登记操作规范（试行）》（国土资规〔2016〕6号）规定，房屋等建（构）筑物所有权应当与其所附着的土地一并登记，保持权利主体一致。具体来说，围绕宅基地和集体建设用地确权登记工作重点，对于未开展地籍调查的，要尽快开展房地一体地籍调查，完成房地一体不动产登记；已完成宅基地、集体建设用地地籍调查但没有完成农房调查的，要尽快补充调查农房信息，完成房地一体的不动产登记。

对于宅基地已登记、农房没有登记，权利人有换发不动产权证意愿的，可向登记机构申请办理房地一体不动产登记。已登记宅基地、集体建设用地（房屋等建筑物、构筑物未登记）发生变更、转移的，要按照房地一体要求办理不动产变更、转移登记，核发统一的不动产权证。

86. 办理宅基地和集体建设用地登记需要缴纳哪些费用？>>>

《财政部 国家发展改革委关于不动产登记收费有关政策问题的通知》（财税〔2016〕79 号）规定，单独申请宅基地使用权登记、申请宅基地使用权及地上房屋所有权登记，只收取不动产权属证书工本费，每本 10 元。申请集体建设用地使用权及建（构）筑物所有权登记的，应当按照相关规定缴纳不动产登记费80 元（包含第一本证书工本费）。

87. 如何充分发挥集体经济组织、村民委员会或者村民小组等集体土地所有权代表行使主体在宅基地和集体建设用地确权登记中的作用？>>>

《民法典》第二百六十二条规定，对于集体所有的土地和森林、山岭、草原、荒地、滩涂等，依照下列规定行使所有权：（一）属于村农民集体所有的，由村集体经济组织或者村民委员会依法代表集体行使所有权；（二）分别属于村内两个以上农民集体所有的，由村内各该集体经济组织或者村民小组依法代表集体行使所有权；（三）属于乡镇农民集体所有的，由乡镇集体经济组织代表集体行使所有权。《村民委员会组织法》规定，村民委员会依照法律规定，管理本村属于村农民集体所有的土地和其他财产；宅基地的使用方案应当经村民会议讨论决定。因此，在遵守法律法规、政策的前提下，坚持农民的事情农民办，充分发挥集体经济组织或者村民委员会、村民小组等集体土地所有权代表行使主体和基层群众自治组织的作用，积极引导农民参与农村不动产确权登记工作，并通过村民自治、基层调解等方式，参与解决权属指界、登记申请资料收集、权属纠纷，以及农民集体经济组织成员资格、分户条件、宅基地取得时间认定和缺少权属来源材料等疑难问题。

确 权 登 记

🌱 88. 近年来国家层面出台过哪些关于宅基地和集体建设用地确权登记工作文件？>>>

为落实中央有关宅基地、集体建设用地使用权确权登记工作要求，相关部门先后下发了若干文件，进一步作出部署，明确工作要求和确权登记政策等。主要包括：

(1) 2011 年 5 月，原国土资源部、财政部、原农业部印发《关于加快推进农村集体土地确权登记发证工作的通知》（国土资发〔2011〕60 号）；

(2) 2011 年 11 月，原国土资源部、中央农村工作领导小组办公室、财政部、原农业部印发《关于农村集体土地确权登记发证的若干意见》（国土资发〔2011〕178 号）；

(3) 2013 年 9 月，原国土资源部印发《关于进一步加快农村地籍调查推进集体土地确权登记发证工作的通知》（国土资发〔2013〕97 号）；

(4) 2014 年 8 月，原国土资源部、财政部、住房和城乡建设部、原农业部、原国家林业局印发《关于进一步加快推进宅基地和集体建设用地使用权确权登记发证工作的通知》（国土资发〔2014〕101 号）；

(5) 2016 年 12 月，原国土资源部印发《关于进一步加快宅基地和集体建设用地确权登记发证有关问题的通知》（国土资发〔2016〕191号）；

（6）2018年7月，自然资源部印发《关于全面推进不动产登记便民利民工作的通知》（自然资发〔2018〕60号）；

（7）2020年5月，自然资源部印发《关于加快宅基地和集体建设用地使用权确权登记工作的通知》（自然资发〔2020〕84号）；

（8）2020年5月，自然资源部印发《关于做好易地扶贫搬迁安置住房不动产登记工作的通知》（自然资办发〔2020〕25号）。

🌱 89. 如何把握地方出台相关政策与国家层面政策的关系？>>>

为有效推进宅基地、集体建设用地确权登记工作，大部分省（区、市）在国家有关法规政策基础上，结合本地实际制定了具体的宅基地、集体建设用地确权登记确权登记政策文件。这些政策文件是对国家法规政策的具体化和必要的补充完善，和国家层面政策一样，都是本地开展宅基地、集体建设用地使用权确权登记工作的重要依据。

🌱 90. 没有权属来源材料的宅基地如何确权登记？>>>

根据《国土资源部关于进一步加快宅基地和集体建设用地确权登记发证有关问题的通知》（国土资发〔2016〕191号）和《农业农村部、自然资源部关于规范宅基地审批管理的通知》（农经发〔2019〕6号）有关规定，对于没有权属来源材料的宅基地，应当查明土地历史使用情况和现状，由所在农民集体经济组织或村民委员会对宅基地使用权人、面积、四至范围等进行确认后，公告30天无异议或异议不成立的，由所在农民集体经济组织或村委会出具证明，并经乡（镇）人民政府审核批准，属于合法使用的，予以确权登记。

91. "一户多宅"能不能登记？ >>>

《国土资源部关于进一步加快宅基地和集体建设用地确权登记发证有关问题的通知》（国土资发〔2016〕191号）规定，宅基地使用权应按照"一户一宅"要求，原则上确权登记到"户"。符合当地分户建房条件未分户，但未经批准另行建房分开居住的，其新建房屋占用的宅基地符合相关规划，经本农民集体经济组织或村民委员会同意并公告无异议或异议不成立的，可按规定补办有关用地手续后，依法予以确权登记；未分开居住的，其实际使用的宅基地没有超过分户后建房用地合计面积标准的，依法按照实际使用面积予以确权登记。

对于因继承房屋占用宅基地，形成"一户多宅"的，可按规定确权登记，并在不动产登记簿和证书附记栏进行注记。

92. 宅基地确权登记中的"户"如何认定？ >>>

地方对"户"的认定有规定的，按地方规定办理。地方未做规定的，可按以下原则认定："户"原则上应以公安部门户籍登记信息为基础，同时应当符合当地申请宅基地建房的条件。根据户籍登记信息无法认定的，可参考当地农村集体土地家庭承包中承包集体土地的农户情况，结合村民自治方式予以认定。

93. 宅基地超面积如何登记？ >>>

农民集体经济组织成员经批准建房占用宅基地的，按照批准面积予以确权登记。未履行批准手续建房占用宅基地的，地方有规定的，按地方规定办理。地方未做规定的，按照《国土资源部关于进一步加快宅基地和集体建设用地确权登记发证有关问题的通知》（国土资发〔2016〕191号）规定的分阶段处理原则办理：

1982年《村镇建房用地管理条例》实施前，农民集体经济组织成员建房占用的宅基地，范围在《村镇建房用地管理条例》实施后至今未扩大的，无论是否超过其后当地规定面积标准，均按实际使用面积予以确权登记。

1982 年《村镇建房用地管理条例》实施起至 1987 年《土地管理法》实施时止，农民集体经济组织成员建房占用的宅基地，超过当地规定面积标准的，超过面积按国家和地方有关规定处理的结果予以确权登记。

1987 年《土地管理法》实施后，农民集体经济组织成员建房占用的宅基地，超过批准面积建设的，不予确权登记。符合规划经依法处理予以保留的，在补办相关用地手续后，只登记批准部分，超出部分在登记簿和证书中注记。

历史上接受转让、赠与房屋占用的宅基地超过当地规定面积标准的，按照转让、赠与行为发生时对宅基地超面积标准的政策规定，予以确权登记。

94. 非本农民集体经济组织成员取得宅基地能不能登记？>>>

根据《国土资源部　中央农村工作领导小组办公室　财政部农业部关于农村集体土地确权登记发证的若干意见》（国土资发〔2011〕178 号）、《国土资源部关于进一步加快宅基地和集体建设用地确权登记发证有关问题的通知》（国土资发〔2016〕191 号）规定，非本农民集体经济组织成员取得宅基地，应区分不同情形予以处理：

（1）非本农民集体经济组织成员，因易地扶贫搬迁、地质灾害防治、新农村建设、移民安置等按照政府统一规划和批准使用宅基地的，在退出原宅基地并注销登记后，依法确定新建房屋占用的宅基地使用权，并办理不动产登记。

（2）非本农民集体经济组织成员（含城镇居民），因继承房屋占用宅基地的，可按规定确权登记，在不动产登记簿及证书附记栏注记"该权利人为本农民集体经济组织原成员住宅的合法继承人"。

（3）1999 年《国务院办公厅关于加强土地转让管理严禁炒

卖土地的通知》（国办发〔1999〕39 号）印发前，回原籍村庄、集镇落户的职工、退伍军人、离（退）休干部以及回乡定居的华侨、港澳台同胞等，原在农村合法取得的宅基地，或因合法取得房屋而占用宅基地的，经公告无异议或异议不成立的，由该农民集体经济组织出具证明，可依法确权登记，在不动产登记簿及证书附记栏注记"该权利人为非本农民集体经济组织成员"。"国办发〔1999〕39 号"文件印发后，城市居民违法占用宅基地建造房屋、购买农房的，不予登记。

95. 如何保护农村妇女的宅基地权益？>>>

《国土资源部关于进一步加快宅基地和集体建设用地确权登记发证有关问题的通知》（国土资发〔2016〕191 号）规定，农村妇女作为家庭成员，其宅基地权益应记载到不动产登记簿及权属证书上。农村妇女因婚嫁离开原农民集体经济组织，取得新家庭宅基地使用权的，应依法予以确权登记，同时注销其原宅基地使用权。

96. 农民进城落户后其宅基地能不能确权登记？>>>

《中共中央　国务院关于实施乡村振兴战略的意见》（中发〔2018〕1 号）明确要求，依法维护进城落户农民的宅基地使用权、土地承包经营权、集体收益分配权，引导进城落户农民依法自愿有偿退出上述权益，不得以退出承包地和宅基地作为农民进城落户条件。《国土资源部关于进一步加快宅基地和集体建设用地确权登记发证有关问题的通知》（国土资发〔2016〕191 号）规定，农民进城落户后，其原合法取得的宅基地使用权应予以确权登记。

97. 农民集体经济组织成员之间互换房屋如何确权登记？>>>

经宅基地所有权人同意，农民集体经济组织成员之间互换房屋，导致宅基地使用权及房屋所有权发生转移的，可以依法予以确权登记。《不动产登记暂行条例实施细则》第四十二条规定，农民集体经济组织内部互换房屋，申请宅基地使用权及房屋所有权转移登记的，应当提交不动产权属证书或者其他权属来源材料、集体经济组织内部互换房屋的协议等材料办理登记。

98. 农民集体经济组织成员之间转让、赠与宅基地上房屋如何确权登记？ >>>

经宅基地所有权人同意，在本集体内部向符合宅基地申请条件的农户转让、赠与宅基地上房屋，导致宅基地使用权及房屋所有权发生转移的，可以依法予以确权登记。转让、赠与宅基地，申请宅基地使用权及房屋所有权转移登记的，参照《不动产登记暂行条例实施细则》第四十二条规定，提交不动产权属证书或者其他权属来源材料、集体内部转让、赠与协议等材料办理登记。

《国土资源部关于进一步加快宅基地和集体建设用地确权登记发证有关问题的通知》（国土资发〔2016〕191号）规定，历史上接受转让、赠与房屋占用的宅基地超过当地规定面积标准的，按照转让、赠与行为发生时对宅基地超面积标准的政策规定，予以确权登记。

99. 合法宅基地上房屋没有符合规划或者建设相关材料能不能登记？ >>>

《自然资源部关于加快宅基地和集体建设用地使用权确权登记工作的通知》（自然资发〔2020〕84号）规定，对合法宅基地上房屋没有符合规划或建设相关材料的，地方已出台相关规定，按其规定办理。未出台相关规定，位于原城市、镇规划区内的，出具规划意见后办理登记。位于原城市、镇规划区外且在《城乡规划法》实施前建设的，在办理登记时可不提交符合规划或建设的相关材料；位于原城市、镇规划区外且在《城乡规划法》实施后建设的，由集体经济组织或者村民委员会公告15天无异议或者异议不成立，经乡（镇）人民政府审核后，按照审核结果办理登记。

100. 换发房地一体不动产权证书时，房屋测量面积与原房屋所有权证面积不一致，如何处理？>>>

换发房地一体不动产权证书时，房屋测量面积与原房屋所有权证记载面积不一致的，应当以精度高的测量方法测得的面积为准。运用同种测量方法测量，属于精度误差范围内的，以原房屋所有权证记载面积为准。对于房屋翻建后造成面积不一致的，当事人应当提供翻建房屋的规划许可等材料，申请变更登记。

101. 换发房地一体不动产权证书时，宅基地测量面积与原登记面积不一致的，如何处理？>>>

换发房地一体不动产权证书时，宅基地测量面积与原登记面积不一致的，应当区分不同情形进行处理：（1）对于宅基地界址未发生变化，属于测量方法造成面积不一致的，以精度高的测量方法测得面积登记。（2）因非法超占宅基地导致测量面积大于原登记面积的，应以原登记面积为准。

102. 农村简易房、临时性建（构）筑物能不能登记？>>>

农村简易房、圈舍、农具房、厕所等临时性建（构）筑物，没有符合规划或者建设的相关材料，一般不予登记。

103. 宅基地批准使用后一直未办理登记，若原批准使用人死亡的，能不能申请登记？>>>

宅基地是以"户"分配和使用的，只要"户"中还有其他成员，批准使用人的死亡就不影响该"户"的宅基地使用权，可由现在的户主申请登记。如果"户"中已没有其他成员，按照《继承法》规定，宅基地上房屋可由继承人继承，因继承房屋占用宅基地的，可按规定申请登记，并在不动产登记簿及证书附记栏中注记。

104. 同一宗宅基地上多个房屋属于不同权利人，申请办理房地一体不动产登记的，如何处理？>>>

同一宗宅基地上多个房屋属于不同权利人，申请办理房地一体不动产登记的，应当区分不同情形进行处理：（1）属于新型农村社区或多（高）层多户农民公寓的，按照《不动产登记暂行条例实施细则》第四十三条，参照国有建设用地使用权及建筑物区分所有权的规定，办理宅基地等集体土地上的建筑物区分所有权登记。（2）属于因继承、分家析产等原因，造成房地权利主体不一致，若遗嘱或者分家析产协议对宅基地做了明确分割，分割的宅基地经县（市）自然资源主管部门认定符合不动产单元划定标准，可以分别办理登记；若遗嘱或者分家析产协议对宅基地未做明确分割的，按照宅基地使用权共同共有办理登记。（3）属于存在民事纠纷的，待纠纷解决后予以确权登记。

105. 根据国家法规政策，哪些宅基地、集体建设用地不予登记？>>>

《不动产登记暂行条例》第二十二条规定，登记申请有下列情形的，不动产登记机构应当不予登记：（一）违反法律、行政法规的；（二）存在尚未解决的权属争议的；（三）申请登记的不动产权利超过规定期限的；（四）法律、行政法规规定不予登记的其他情形。《自然资源部关于加快宅基地和集体建设用地使用权确权登记工作的通知》（自然资发〔2020〕84号）规定，对乱占耕地建房、违反生态保护红线管控要求建房、城镇居民非法购买宅基地、小产权房等，不得办理登记，不得通过登记将违法用地合法化。凡有上述情况的宅基地、集体建设用地，不予登记。

106. 纳入文物保护范围的古村落或农村建（构）筑物，如何确权登记？>>>

对纳入文物保护范围的古村落或农村建（构）筑物，应本着管理不改变产权归属原则，依法予以确权登记。同时，应在不动产登记簿和证书附记栏注记，"该不动产属于受国家保护的不可移动文物"。

107. 利害关系人对宅基地和集体建设用地确权登记结果有异议的，如何处理？>>>

利害关系人对宅基地和集体建设用地确权登记结果有异议的，可以按照《不动产登记暂行条例实施细则》第七十九条、八十条、八十二条的规定，申请更正登记、异议登记。对不动产登记结果有异议的，可以依法申请行政复议或提起诉讼。

108. 没有权属来源材料的集体建设用地如何确权登记？>>>

《国土资源部关于进一步加快宅基地和集体建设用地确权登记发证有关问题的通知》（国土资发〔2016〕191号）规定，对于没有权属来源材料的集体建设用地，应当查明土地历史使用情况和现状，认定属于合法使用，经所在农民集体经济组织或村民委员会同意，并公告30天无异议或者异议不成立的，经乡（镇）人民政府审核，报县级人民政府批准，予以确权登记。

109. 原乡镇企业或村办企业破产、关停、改制等，其原使用的集体建设用地如何确权登记？>>>

原乡镇企业或村办企业因破产、关停等不再使用集体土地的，应当按照《土地管理法》第六十六条规定，由农村集体经济组织报经原批准用地的人民政府批准后收回集体建设用地使用权。若原乡镇企业或村集体企业因破产、兼并、改制等导致集体建设用地使用权发生转移，现用地单位继续占用且未改变批准用途的，可以提交集体建设用地使用权转移的材料办理转移登记。若现用地单位继续占用该地块且经批准改变土地用途的，申请人还应当提交有批准权的人民政府或主管部门的批准文件等材料。

CHAPTER4 第四章
农村宅基地相关政策法规

::::: 第一节　法律法规 :::::

 1. 中华人民共和国民法典（节选） >>>

第三章　物权的保护

第二百三十四条　因物权的归属、内容发生争议的，利害关系人可以请求确认权利。

第十三章　宅基地使用权

第三百六十二条　宅基地使用权人依法对集体所有的土地享有占有和使用的权利，有权依法利用该土地建造住宅及其附属设施。

第三百六十三条　宅基地使用权的取得、行使和转让，适用土地管理的法律和国家有关规定。

第三百六十四条　宅基地因自然灾害等原因灭失的，宅基地使用权消灭。对失去宅基地的村民，应当依法重新分配宅基地。

第三百六十五条 已经登记的宅基地使用权转让或者消灭的，应当及时办理变更登记或者注销登记。

第十五章　地役权

第三百七十八条 土地所有权人享有地役权或者负担地役权的，设立土地承包经营权、宅基地使用权等用益物权时，该用益物权人继续享有或者负担已经设立的地役权。

第三百七十九条 土地上已经设立土地承包经营权、建设用地使用权、宅基地使用权等用益物权的，未经用益物权人同意，土地所有权人不得设立地役权。

第十七章　抵押权

第一节　一般抵押权

第三百九十九条 下列财产不得抵押：

（二）宅基地、自留地、自留山等集体所有土地的使用权，但是法律规定可以抵押的除外；

2. 中华人民共和国土地管理法（节选）>>>

第二章　土地的所有权和使用权

第九条 农村和城市郊区的土地，除由法律规定属于国家所有的以外，属于农民集体所有；宅基地和自留地、自留山，属于农民集体所有。

第五章　建设用地

第四十四条 建设占用土地，涉及农用地转为建设用地的，应当办理农用地转用审批手续。

永久基本农田转为建设用地的，由国务院批准。

在土地利用总体规划确定的城市和村庄、集镇建设用地规模范围内，为实施该规划而将永久基本农田以外的农用地转为建设用地的，按土地利用年度计划分批次按照国务院规定由原批准土地利用总体规划的机关或者其授权的机关批准。在已批准的农用地转用范围内，具体建设项目用地可以由市、县人民政府批准。

在土地利用总体规划确定的城市和村庄、集镇建设用地规模范围外，将永久基本农田以外的农用地转为建设用地的，由国务院或者国务院授权的省、自治区、直辖市人民政府批准。

第四十八条　征收土地应当给予公平、合理的补偿，保障被征地农民原有生活水平不降低、长远生计有保障。

征收土地应当依法及时足额支付土地补偿费、安置补助费以及农村村民住宅、其他地上附着物和青苗等的补偿费用，并安排被征地农民的社会保障费用。

征收农用地的土地补偿费、安置补助费标准由省、自治区、直辖市通过制定公布区片综合地价确定。制定区片综合地价应当综合考虑土地原用途、土地资源条件、土地产值、土地区位、土地供求关系、人口以及经济社会发展水平等因素，并至少每三年调整或者重新公布一次。

征收农用地以外的其他土地、地上附着物和青苗等的补偿标准，由省、自治区、直辖市制定。对其中的农村村民住宅，应当按照先补偿后搬迁、居住条件有改善的原则，尊重农村村民意愿，采取重新安排宅基地建房、提供安置房或者货币补偿等方式给予公平、合理的补偿，并对因征收造成的搬迁、临时安置等费用予以补偿，保障农村村民居住的权利和合法的住房财产权益。

县级以上地方人民政府应当将被征地农民纳入相应的养老等社会保障体系。被征地农民的社会保障费用主要用于符合条件的被征地农民的养老保险等社会保险缴费补贴。被征地农民社会保障费用的筹集、管理和使用办法，由省、自治区、直辖市制定。

第六十二条　农村村民一户只能拥有一处宅基地，其宅基地的面积不得超过省、自治区、直辖市规定的标准。

人均土地少、不能保障一户拥有一处宅基地的地区，县级人民政府在充分尊重农村村民意愿的基础上，可以采取措施，按照省、自治区、直辖市规定的标准保障农村村民实现户有所居。

农村村民建住宅，应当符合乡（镇）土地利用总体规划、村庄规划，不得占用永久基本农田，并尽量使用原有的宅基地和村内空闲地。编制乡（镇）土地利用总体规划、村庄规划应当统筹并合理安排宅基地用地，改善农村村民居住环境和条件。

农村村民住宅用地，由乡（镇）人民政府审核批准；其中，涉及占用农用地的，依照本法第四十四条的规定办理审批手续。

农村村民出卖、出租、赠与住宅后，再申请宅基地的，不予批准。

国家允许进城落户的农村村民依法自愿有偿退出宅基地，鼓励农村集体经济组织及其成员盘活利用闲置宅基地和闲置住宅。

国务院农业农村主管部门负责全国农村宅基地改革和管理有关工作。

第六章　监督检查

第六十七条　县级以上人民政府农业农村主管部门对违反农村宅基地管理法律、法规的行为进行监督检查的，适用本法关于自然资源主管部门监督检查的规定。

第七章　法律责任

第七十八条　农村村民未经批准或者采取欺骗手段骗取批准，非法占用土地建住宅的，由县级以上人民政府农业农村主管部门责令退还非法占用的土地，限期拆除在非法占用的土地上新建的房屋。

超过省、自治区、直辖市规定的标准，多占的土地以非法占用土地论处。

3. 中华人民共和国城乡规划法（节选）>>>

第三章　城乡规划的实施

第四十一条　在乡、村庄规划区内进行乡镇企业、乡村公共设施和公益事业建设的，建设单位或者个人应当向乡、镇人民政府提出申请，由乡、镇人民政府报城市、县人民政府城乡规划主管部门核发乡村建设规划许可证。

在乡、村庄规划区内使用原有宅基地进行农村村民住宅建设的规划管理办法，由省、自治区、直辖市制定。

在乡、村庄规划区内进行乡镇企业、乡村公共设施和公益事业建设以及农村村民住宅建设，不得占用农用地；确需占用农用地的，应当依照《中华人民共和国土地管理法》有关规定办理农用地转用审批手续后，由城市、县人民政府城乡规划主管部门核发乡村建设规划许可证。

建设单位或者个人在取得乡村建设规划许可证后，方可办理用地审批手续。

🌱 4. 中华人民共和国村民委员会组织法（节选）〉〉〉

第四章　村民会议和村民代表会议

第二十四条　涉及村民利益的下列事项，经村民会议讨论决定方可办理：

（六）宅基地的使用方案；

村民会议可以授权村民代表会议讨论决定前款规定的事项。

法律对讨论决定村集体经济组织财产和成员权益的事项另有规定的，依照其规定。

第五章　民主管理和民主监督

第二十九条　村民委员会应当实行少数服从多数的民主决策机制和公开透明的工作原则，建立健全各种工作制度。

第三十条　村民委员会实行村务公开制度。

村民委员会应当及时公布下列事项，接受村民的监督：

（一）本法第二十三条、第二十四条规定的由村民会议、村民代表会议讨论决定的事项及其实施情况；

（二）国家计划生育政策的落实方案；

（三）政府拨付和接受社会捐赠的救灾救助、补贴补助等资金、物资的管理使用情况；

（四）村民委员会协助人民政府开展工作的情况；

（五）涉及本村村民利益，村民普遍关心的其他事项。

前款规定事项中，一般事项至少每季度公布一次；集体财务往来较多的，财务收支情况应当每月公布一次；涉及村民利益的重大事项应当随时公布。

村民委员会应当保证所公布事项的真实性，并接受村民的查询。

第三十四条 村民委员会和村务监督机构应当建立村务档案。村务档案包括：选举文件和选票，会议记录，土地发包方案和承包合同，经济合同，集体财务账目，集体资产登记文件，公益设施基本资料，基本建设资料，宅基地使用方案，征地补偿费使用及分配方案等。村务档案应当真实、准确、完整、规范。

5. 中华人民共和国耕地占用税法（节选）>>>

第七条 军事设施、学校、幼儿园、社会福利机构、医疗机构占用耕地，免征耕地占用税。

铁路线路、公路线路、飞机场跑道、停机坪、港口、航道、水利工程占用耕地，减按每平方米二元的税额征收耕地占用税。

农村居民在规定用地标准以内占用耕地新建自用住宅，按照当地适用税额减半征收耕地占用税；其中农村居民经批准搬迁，新建自用住宅占用耕地不超过原宅基地面积的部分，免征耕地占用税。

农村烈士遗属、因公牺牲军人遗属、残疾军人以及符合农村最低生活保障条件的农村居民，在规定用地标准以内新建自用住宅，免征耕地占用税。

根据国民经济和社会发展的需要，国务院可以规定免征或者减征耕地占用税的其他情形，报全国人民代表大会常务委员会备案。

6. 全国人民代表大会常务委员会关于授权国务院在北京市大兴区等三十三个试点县（市、区）行政区域暂时调整实施有关法律规定的决定 >>>

为了改革完善农村土地制度，为推进中国特色农业现代化和新型城镇化提供实践经验，第十二届全国人民代表大会常务委员会第十三次会议决定：授权国务院在北京市大兴区等三十三个试点县（市、区）行政区域，暂时调整实施《中华人民共和国土地管理法》《中华人民共和国城市房地产管理法》关于农村土地征收、集体经营性建设用地入市、宅基地管理制度的有关规定。上述调整在 2017 年 12 月 31 日前试行。暂时调整实施有关法律规定，必须坚守土地公有制性质不改变、耕地红线不突破、农民利益不受损的底线，坚持从实际出发，因地制宜。国务院及其国土资源主管部门要加强对试点工作的整体指导和统筹协调、监督管理，按程序、分步骤审慎稳妥推进，及时总结试点工作经验，并就暂时调整实施有关法律规定的情况向全国人民代表大会常务委员会作出报告。对实践证明可行的，修改完善有关法律；对实践证明不宜调整的，恢复施行有关法律规定。

三十三个试点县（市、区）名单和暂时调整实施有关法律规定目录附后。

本决定自公布之日起施行。

三十三个试点县（市、区）名单

北京市大兴区、天津市蓟县、河北省定州市、山西省泽州县、内蒙古自治区和林格尔县、辽宁省海城市、吉林省长春市九台区、黑龙江省安达市、上海市松江区、江苏省常州市武进区、浙江省义乌市、浙江省德清县、安徽省金寨县、福建省晋江市、江西省余江县、山东省禹城市、河南省长垣县、湖北省宜城市、湖南省浏阳市、广东省佛山市南海区、广西壮族自治区北流市、海南省文昌市、重庆市大足区、四川省郫县、四川省泸县、贵州省湄潭县、云南省大理市、西藏自治区曲水县、陕西省西安市高陵区、甘肃省陇西县、青海省湟源县、宁夏回族自治区平罗县、新疆维吾尔自治区伊宁市。

授权国务院在北京市大兴区等三十三个试点县（市、区）行政区域暂时调整实施有关法律规定目录

序号：1　法律规定：《中华人民共和国土地管理法》第四十三条第一款："任何单位和个人进行建设，需要使用土地的，必须依法申请使用国有土地；但是，兴办乡镇企业和村民建设住宅经依法批准使用本集体经济组织农民集体所有的土地的，或者乡（镇）村公共设施和公益事业建设经依法批准使用农民集体所有的土地的除外。"

《中华人民共和国土地管理法》第六十三条："农民集体所有的土地的使用权不得出让、转让或者出租用于非农业建设；但是，符合土地利用总体规划并依法取得建设用地的企业，因破产、兼并等情形致使土地使用权依法发生转移的除外。"

《中华人民共和国城市房地产管理法》第九条："城市规划区内的集体所有的土地，经依法征收转为国有土地后，该幅国有土地的使用权方可有偿出让。"内容：暂时调整实施集体建设用地使用权不得出让等的规定。在符合规划、用途管制和依法取得的前提下，允许存量农村集体经营性建设用地使用权出让、租赁、入股，实行与国有建设用地使用权同等入市、同权同价。

序号：2　法律规定：《中华人民共和国土地管理法》第四十四条第三款、第四款："在土地利用总体规划确定的城市和村庄、集镇建设用地规模范围内，为实施该规划而将农用地转为建设用地的，按土地利用年度计划分批次由原批准土地利用总体规划的机关批准。在已批准的农用地转用范围内，具体建设项目用地可以由市、县人民政府批准。

"本条第二款、第三款规定以外的建设项目占用土地，涉

及农用地转为建设用地的，由省、自治区、直辖市人民政府批准。"

《中华人民共和国土地管理法》第六十二条第三款："农村村民住宅用地，经乡（镇）人民政府审核，由县级人民政府批准；其中，涉及占用农用地的，依照本法第四十四条的规定办理审批手续。"内容：暂时调整实施宅基地审批权限的规定。使用存量建设用地的，下放至乡（镇）人民政府审批；使用新增建设用地的，下放至县级人民政府审批。

序号：3　法律规定：《中华人民共和国土地管理法》第四十七条第一款至第四款、第六款："征收土地的，按照被征收土地的原用途给予补偿。

"征收耕地的补偿费用包括土地补偿费、安置补助费以及地上附着物和青苗的补偿费。征收耕地的土地补偿费，为该耕地被征收前三年平均年产值的六至十倍。征收耕地的安置补助费，按照需要安置的农业人口数计算。需要安置的农业人口数，按照被征收的耕地数量除以征地前被征收单位平均每人占有耕地的数量计算。每一个需要安置的农业人口的安置补助费标准，为该耕地被征收前三年平均年产值的四至六倍。但是，每公顷被征收耕地的安置补助费，最高不得超过被征收前三年平均年产值的十五倍。

"征收其他土地的土地补偿费和安置补助费标准，由省、自治区、直辖市参照征收耕地的土地补偿费和安置补助费的标准规定。

"被征收土地上的附着物和青苗的补偿标准，由省、自治区、直辖市规定。"

"依照本条第二款的规定支付土地补偿费和安置补助费，尚不能使需要安置的农民保持原有生活水平的，经省、自治区、直辖市人民政府批准，可以增加安置补助费。但是，土地补偿费和安置补助费的总和不得超过土地被征收前三年平均年产值的三十倍。"内容：暂时调整实施征收集体土地补偿的规定。综合考虑土地用途和区位、经济发展水平、人均收入等情况，合理确定土地征收补偿标准，安排被征地农民住房、社会保障；加大就业培训力度，符合条件的被征地农民全部纳入养老、医疗等城镇社会保障体系；有条件的地方可采取留地、留物业等多种方式，由农村集体经济组织经营。

🌱 7. 全国人民代表大会常务委员会关于授权国务院在北京市大兴区等232个试点县（市、区）、天津市蓟县等59个试点县（市、区）行政区域分别暂时调整实施有关法律规定的决定 >>>

为了落实农村土地的用益物权，赋予农民更多财产权利，深化农村金融改革创新，有效盘活农村资源、资金、资产，为稳步推进农村土地制度改革提供经验和模式，第十二届全国人民代表大会常务委员会第十八次会议决定：授权国务院在北京市大兴区等232个试点县（市、区）行政区域，暂时调整实施《中华人民共和国物权法》《中华人民共和国担保法》关于集体所有的耕地使用权不得抵押的规定；在天津市蓟县等59个试点县（市、区）行政区域暂时调整实施《中华人民共和国物权法》《中华人民共和国担保法》关于集体所有的宅基地使用权不得抵押的规定。上述调整在2017年12月31日前试行。暂时调整实施有关法律规定，必须坚守土地公有制性质不改变、耕地红线不突破、农民利益不受损的底线，坚持从实际出发，因地制宜。国务院及其有关部门要完善配套制度，加强对试点工作的整体指导和统筹协调、监督管理，按程序、分步骤审慎稳妥推进，防范各种风险，及时总结试点工作经验，并就暂时调整实施有关法律规定的情况向全国人民代表大会常务委员会作出报告。

试点县（市、区）名单和暂时调整实施有关法律规定目录附后。

本决定自2015年12月28日起施行。

农村承包土地的经营权抵押贷款试点县（市、区）名单（232个）

所在省（区、市）	试点县（市、区）
北京市	大兴区、平谷区
天津市	宝坻区、武清区
河北省	玉田县、邱县、张北县、平乡县、威县、饶阳县
山西省	运城市盐湖区、新绛县、潞城市、太谷县、定襄县、曲沃县
内蒙古自治区	呼伦贝尔市阿荣旗、兴安盟扎赉特旗、开鲁县、锡林郭勒盟镶黄旗、鄂尔多斯市达拉特旗、巴彦淖尔市临河区、赤峰市克什克腾旗、包头市土默特右旗
辽宁省	海城市、东港市、辽阳县、盘山县、昌图县、瓦房店市、沈阳市于洪区
吉林省	榆树市、农安县、永吉县、敦化市、梨树县、柳河县、洮南市、东辽县、前郭尔罗斯蒙古族自治县、抚松县、梅河口市、公主岭市、珲春市、龙井市、延吉市
黑龙江省	克山县、方正县、讷河市、延寿县、五常市、哈尔滨市呼兰区、桦川县、克东县、富锦市、汤原县、兰西县、庆安县、密山市、绥滨县、宝清县
江苏省	东海县、泗洪县、沛县、金湖县、泰州市姜堰区、太仓市、如皋市、东台市、无锡市惠山区、南京市高淳区
浙江省	龙泉市、长兴县、海盐县、慈溪市、温岭市、衢州市衢江区、缙云县、嵊州市、嘉善县、德清县
安徽省	宿州市埇桥区、金寨县、铜陵县、庐江县、阜阳市颍泉区、黄山市黄山区、定远县、涡阳县、宿松县、凤台县
福建省	漳浦县、建瓯市、沙县、仙游县、福清市、武平县、永春县、屏南县、邵武市、古田县
江西省	安义县、乐平市、铜鼓县、修水县、金溪县、新干县、信丰县、吉安县、贵溪市、赣县
山东省	东营市河口区、青州市、平度市、沂南县、武城县、枣庄市台儿庄区、沂源县、寿光市、莘县、乐陵市

（续）

所在省 （区、市）	试点县（市、区）
河南省	长垣县、安阳县、宝丰县、邓州市、济源市、长葛市、遂平县、固始县、浚县
湖北省	钟祥市、武汉市黄陂区、宜昌市夷陵区、鄂州市梁子湖区、随县、南漳县、大冶市、公安县、武穴市、云梦县
湖南省	汉寿县、岳阳县、新田县、桃江县、洞口县、沅陵县、慈利县、双峰县
广东省	蕉岭县、阳山县、德庆县、郁南县、廉江市、罗定市、英德市
广西壮族自治区	田阳县、田东县、玉林市玉州区、象州县、南宁市武鸣区、东兴市、北流市、兴业县
海南省	东方市、屯昌县、文昌市
重庆市	永川区、梁平县、潼南区、荣昌区、忠县、铜梁区、南川区、巴南区、武隆县、秀山土家族苗族自治县
四川省	成都市温江区、崇州市、眉山市彭山区、内江市市中区、蓬溪县、西充县、巴中市巴州区、武胜县、井研县、苍溪县
贵州省	德江县、水城县、湄潭县、兴仁县、盘县、普定县、安龙县、开阳县、六盘水市六枝特区
云南省	开远市、砚山县、剑川县、鲁甸县、景谷傣族彝族自治县、富民县
西藏自治区	曲水县、米林县
陕西省	杨陵区、平利县、西安市高陵区、富平县、千阳县、南郑县、宜川县、铜川市耀州区
甘肃省	西和县、金昌市金川区、武威市凉州区、陇西县、临夏县、金塔县
青海省	大通回族土族自治县、互助土族自治县、门源回族自治县、海晏县、海东市乐都区
宁夏回族自治区	平罗县、中卫市沙坡头区、同心县、永宁县、贺兰县
新疆维吾尔自治区	呼图壁县、沙湾县、博乐市、阿克苏市、克拉玛依市克拉玛依区

授权国务院在北京市大兴区等 232 个试点县（市、区）、

天津市蓟县等 59 个试点县（市、区）行政区域

分别暂时调整实施有关法律规定目录

法律规定	内　容
《中华人民共和国物权法》第一百八十四条："下列财产不得抵押： （一）土地所有权； （二）耕地、宅基地、自留地、自留山等集体所有的土地使用权，但法律规定可以抵押的除外； （三）学校、幼儿园、医院等以公益为目的的事业单位、社会团体的教育设施、医疗卫生设施和其他社会公益设施； （四）所有权、使用权不明或者有争议的财产； （五）依法被查封、扣押、监管的财产； （六）法律、行政法规规定不得抵押的其他财产。" 《中华人民共和国担保法》第三十七条："下列财产不得抵押：	暂时调整实施集体所有的耕地使用权、宅基地使用权不得抵押的规定。在防范风险、遵守有关法律法规和农村土地制度改革等政策的基础上，赋予农村承包土地（指耕地）的经营权和农民住房财产权（含宅基地使用权）抵押融资功能，在农村承包土地的经营权抵押贷款试点地区，允许以农村承包土地的经营权抵押贷款；在农民住房财产权抵押贷款试点地区，允许以农民住房财产权抵押贷款。
（一）土地所有权； （二）耕地、宅基地、自留地、自留山等集体所有的土地使用权，但本法第三十四条第（五）项、第三十六条第三款规定的除外； （三）学校、幼儿园、医院等以公益为目的的事业单位、社会团体的教育设施、医疗卫生设施和其他社会公益设施； （四）所有权、使用权不明或者有争议的财产； （五）依法被查封、扣押、监管的财产； （六）依法不得抵押的其他财产。"	

农民住房财产权抵押贷款试点县（市、区）名单（59个）

所在省（市、区）	试点县（市、区）
天津市	蓟县
山西省	晋中市榆次区
内蒙古自治区	和林格尔县、乌兰浩特市
辽宁省	铁岭县、开原市
吉林省	长春市九台区
黑龙江省	林甸县、方正县、杜尔伯特蒙古族自治县
江苏省	常州市武进区、仪征市、泗洪县
浙江省	乐清市、青田县、义乌市、瑞安市
安徽省	金寨县、宣城市宣州区
福建省	晋江市、古田县、上杭县、石狮市
江西省	余江县、会昌县、婺源县
山东省	肥城市、滕州市、汶上县
河南省	滑县、兰考县
湖北省	宜城市、武汉市江夏区
湖南省	浏阳市、耒阳市、麻阳苗族自治县
广东省	五华县、连州市
广西壮族自治区	田阳县
海南省	文昌市、琼中黎族苗族自治县
重庆市	江津区、开县、酉阳土家族苗族自治县
四川省	泸县、郫县、眉山市彭山区
贵州省	金沙县、湄潭县
云南省	大理市、丘北县、武定县
西藏自治区	曲水县
陕西省	平利县、西安市高陵区
甘肃省	陇西县
青海省	湟源县
宁夏回族自治区	平罗县
新疆维吾尔自治区	伊宁市

8. 全国人民代表大会常务委员会关于延长授权国务院在北京市大兴区等三十三个试点县（市、区）行政区域暂时调整实施有关法律规定期限的决定 >>>

（2017年11月4日第十二届全国人民代表大会常务委员会第三十次会议通过）

为了进一步深入推进农村土地征收、集体经营性建设用地入市、宅基地管理制度改革试点，更好地总结试点经验，为完善土地管理法律制度打好基础，第十二届全国人民代表大会常务委员会第三十次会议决定：2015年2月27日第十二届全国人民代表大会常务委员会第十三次会议授权国务院在北京市大兴区等三十三个试点县（市、区）行政区域暂时调整实施有关法律规定的决定施行期限届满后，试点期限延长一年至2018年12月31日。延长期满，国务院应当就暂时调整实施有关法律规定的情况向全国人民代表大会常务委员会作出报告。对实践证明可行的，国务院应当提出修改相关法律的意见；对实践证明不宜调整的，恢复施行有关法律规定。

本决定自2017年11月5日起施行。

9. 村庄和集镇规划建设管理条例（节选）>>>

第三章 村庄和集镇规划的实施

第十八条 农村村民在村庄、集镇规划区内建住宅的，应当先向村集体经济组织或者村民委员会提出建房申请，经村民会议讨论通过后，按照下列审批程序办理：

（一）需要使用耕地的，经乡镇人民政府审核、县级人民政府建设行政主管部门审查同意并出具选址意见书后，方可依照《土地管理法》向县级人民政府土地管理部门申请用地，经县级人民政府批准后，由县级人民政府土地管理部门划拨土地；

（二）使用原有宅基地、村内空闲地和其他土地的，由乡级人民政府根据村庄、集镇规划和土地利用规划批准。

城镇非农业户口居民在村庄、集镇规划区内需要使用集体所有的土地建住宅的，应当经其所在单位或者居民委员会同意后，依照前款第（一）项规定的审批程序办理。

回原籍村庄、集镇落户的职工、退伍军人和离休、退休干部以及回乡定居的华侨、港澳台同胞，在村庄、集镇规划区内需要使用集体所有的土地建住宅的，依照本条第一款第（一）项规定的审批程序办理。

第二十六条 乡（镇）村企业、乡（镇）村公共设施、公益事业等建设，在开工前，建设单位和个人应当向县级以上人民政府建设行政主管部门提出开工申请，经县级以上人民政府建设行政主管部门对设计、施工条件予以审查批准后，方可开工。

农村居民住宅建设开工的审批程序，由省、自治区、直辖市人民政府规定。

第六章 罚　　则

第三十七条 在村庄、集镇规划区内，未按规划审批程序批准或者违反规划的规定进行建设，严重影响村庄、集镇规划的，由县级人民政府建设行政主管部门责令停止建设，限期拆除或者没收违法建筑物、构筑物和其他设施；影响村庄、集镇规划，尚可采取改正措施的，由县级人民政府建设行政主管部门责令限期改正，处以罚款。

 10. 不动产登记暂行条例（节选） >>>

第一章 总　　则

第五条 下列不动产权利，依照本条例的规定办理登记：

（一）集体土地所有权；

（二）房屋等建筑物、构筑物所有权；

（三）森林、林木所有权；

（四）耕地、林地、草地等土地承包经营权；

（五）建设用地使用权；

（六）宅基地使用权；

（七）海域使用权；

（八）地役权；

（九）抵押权；

（十）法律规定需要登记的其他不动产权利。

11. 中华人民共和国政府信息公开条例 >>>

第三章　主动公开

第二十一条　除本条例第二十条规定的政府信息外，设区的市级、县级人民政府及其部门还应当根据本地方的具体情况，主动公开涉及市政建设、公共服务、公益事业、土地征收、房屋征收、治安管理、社会救助等方面的政府信息；乡（镇）人民政府还应当根据本地方的具体情况，主动公开贯彻落实农业农村政策、农田水利工程建设运营、农村土地承包经营权流转、宅基地使用情况审核、土地征收、房屋征收、筹资筹劳、社会救助等方面的政府信息。

第二节　中央和国务院文件

1. 国务院批转国家土地管理局《关于加强农村宅基地管理工作请示》的通知 >>>

（国发〔1990〕4号　1990年1月3日）

我国实行改革开放政策以来，农村经济有了很大发展。农民在收入增加、生活水平提高之后，出现了兴建住房热，造成宅基用地不断扩大，使大量的耕地被占。据统计，1985年至1988年的四年间，全国农村建房占用耕地四百一十五万亩，占同期全国各项建设占用耕地数量的三分之一。

部分地区，农民更新住房的年限越来越短，面积越来越大，标准越来越高。少数干部以权谋私，违法占地建私房，群众意见很大。不少地方经常发生宅基地纠纷。为了加强对农村宅基地的管理，正确引导农民节约、合理使用土地兴建住宅，严格控制占用耕地，拟在 1990 年和 1991 年两年内，深入开展关于"人多地少、节约用地"的国情、国策观念教育；建立健全宅基地管理制度，加强法制建设；抓好宅基地有偿使用的试点工作。

一、深入宣传《中华人民共和国土地管理法》（以下简称《土地管理法》），开展"人多地少、节约用地"的国情、国策观念教育

我国人多地少，现有的耕地已接近难以承载十一亿人口重压的临界状态。随着人口的增长，各项建设还要占用一定数量的耕地，人均耕地数量将进一步减少。但是，这个基本国情还没有被广大干部和群众所深刻认识，致使农村住宅建设中，浪费土地、滥用耕地现象屡屡发生，超前消费土地继续发展。普及土地的国情、国策观念教育，增强珍惜土地意识，既是保护耕地的一项长期的、根本性的措施，又是农村社会主义精神文明建设的重要组成部分。各级人民政府要从保护人类生存条件的高度，教育广大群众认识人口、耕地、粮食之间的关系，宣传土地的国情、省情、县情，把土地供需矛盾制约社会经济发展的关系告诉人民群众；教育广大干部和群众，用地要依法，建房需审批，违法受处罚，使人们逐步树立起土地的国情、国策、公有制、法制和土地有偿使用的观念，树立适度消费、节约用地、依法用地的社会风尚。

开展土地的国情、国策观念教育，关键是提高领导干部的思想认识。各级领导干部要带头学好《土地管理法》，增强法制观念，树立土地资源的危机感、紧迫感和责任感。各地区的人均土地面积多寡不一，耕地多的地区，要看到全国土地资源紧缺的现状，绝不能因局部优势而放松节约用地的思想；耕地少的地区，

更不能只顾眼前和局部利益而浪费土地资源。各级领导在制定计划、安排生产和建设项目时，务必予以高度重视。为了搞好宣传，抓好土地国情、国策观念教育，请新闻、宣传单位给予积极配合。

二、切实强化土地管理职能，加强农村宅基地审批管理工作

强化土地管理职能，当务之急是根据《土地管理法》的有关规定，建立健全土地管理法规，完善土地管理法制建设，使农村宅基地审批有法可依，有章可循。各地区应根据《土地管理法》，结合本地实际制定农村宅基地管理的专项规定或办法，切实把好宅基地审批关。

（一）完善村镇建设规划，严格控制占用耕地

农村住宅建设必须按先规划后建设的步骤进行。对已经有了规划的地区，要严格按照切实保护耕地和合理利用土地的原则进行修订和完善；还没有制定规划的地区，要在 1990 年底以前制定完毕。农村住宅的改建、扩建和选址新建，要充分利用原有宅基地、村内空闲地、荒地和坡地。严格控制占用耕地，不允许占用基本农田保护区的土地。对一些用地分散的小村庄和零散住户，应鼓励迁并，并将原址复耕。城市郊区和人多地少经济发达的地区，应鼓励有条件的农户建多层住宅。

（二）加强用地计划指标控制，严格用地标准管理

各地区要制定农村宅基用地规划、计划和标准，严格实行计划指标和用地标准管理。已经制定了计划、标准的地区，要本着从严的精神加以修订；还没有制定的，要在 1990 年 7 月底以前制定完毕。计划指标和用地标准要落实到村，公布于众，乡、村干部要作好具体安排，不得突破。城市郊区宅基地的标准，可参照城镇居民住宅面积标准，作出规定；超过计划生育的人口，不增加宅基用地指标。

（三）严格宅基用地审批手续，实行公开办事制度

各地应根据实际情况对农村建房的对象、条件、用地标准、审批手续作出明细规定。要建立严格的申请、审核、批准和验收

制度。凡是要求建房的，事先必须向所在的乡（镇）政府或县（市）土地管理部门提出用地申请。经审核，对符合申请宅基地兴建自用住宅的，由土地管理部门确定宅基地使用权，丈量用地面积，并依法批准后，方可动工。竣工后，由土地管理部门负责组织验收。对不合理分户超前建房、不符合法定结婚年龄和非农业户口的，不批准宅基用地；对现有住宅有出租、出卖或改为经营场所的，除不再批准新的宅基用地外，还应按其实际占用土地面积，从经营之日起，核收土地使用费；对已经"农转非"的人员，要适时核减宅基地面积。

为便于群众监督，各地应对用地指标、申请宅基地的户数、审批条件和结果等，张榜公告，实行公开办事制度。

（四）加强干部建房用地管理，实行"双重审批"制度

各级人民政府要尽快组织力量，对《土地管理法》实施以来，干部（含其他在职人员，下同）以各种名义占用农村集体所有的土地兴建私房的，进行一次认真清理。对那些以权谋地、违法占地、非法出租和出卖宅基地的，要依法处罚或给予政纪处分。今后，干部的直系亲属是农村户口，且本人长期与其一起居住的，干部可随其直系亲属申请宅基地建房。其他干部申请使用农村集体所有土地兴建私房的，一般不予批准。少数有特殊情况的要实行"双重审批"，即先由个人提出书面申请，说明建房理由、拟建房屋规模、占地面积、资金、建材来源以及用工办法等，经所在单位审查，张榜公布，按干部管理权限报送主管部门或县级以上人民政府批准后，再向土地管理部门申请办理建房用地手续。

三、进行农村宅基地有偿使用试点，强化自我约束机制

1988 年以来，山东省德州地区和全国二百多个县的部分乡、村试行了宅基地有偿使用，取得了明显效果。为了进一步搞好农村宅基地有偿使用的试点，各地区要做好以下工作：

（一）切实加强领导，选择经济基础较好，耕地资源紧张的县、乡、村，有组织、有步骤地进行试点。

（二）确定宅基地有偿使用收费标准时，对在规定用地标准

以内的，既要体现有偿原则，又要照顾群众的经济承受能力，少用少交费，多用多交费；超标准用地的，应规定较高的收费标准；对级差收益较高地段，收费标准要适当提高。

（三）建立和完善土地使用费管理制度。宅基地使用费要本着"取之于户，收费适度；用之于村，使用得当"的原则，实行村有、乡管、银行立户制度。专款专用，主要用于村内基础设施和公益事业建设，不得挪作他用。

2. 中共中央办公厅国务院办公厅关于涉及农民负担项目审核处理意见的通知（节选）>>>

（中办发〔1993〕10 号　1993 年 7 月 22 日）

各省、自治区、直辖市党委和人民政府，各大军区党委，中央和国家机关各部委，军委各总部、各军兵种党委，各人民团体：

减轻农民负担不单纯是经济问题，而且是政治问题。它关系到国民经济的发展和农村乃至全国的政治稳定。为加强农业的基础地位，保护农民利益，切实减轻农民负担，调动广大农民积极性，经党中央、国务院批准，现将涉及农民负担项目审核处理意见通知如下：

一、关于中央和国家机关有关文件涉及农民负担的项目

（一）取消 37 项：

1. 农村宅基地有偿使用收费（国家土地管理局）；

2. 农村宅基地超占费（国家土地管理局）；

3. 中共中央国务院关于进一步加强土地管理切实保护耕地的通知（节选）>>>

（中发〔1997〕11 号　1997 年 4 月 15 日）

四、加强农村集体土地的管理

要结合划定基本农田保护区，制定好村镇建设规划。村镇建设要集中紧凑、合理布局，尽可能利用荒坡地、废弃地，不占好地。在有条件的地方，要通过村镇改造将适宜耕种的土地调整出

来复垦、还耕。

农村居民的住宅建设要符合村镇建设规划。有条件的地方，提倡相对集中建设公寓式楼房。农村居民建住宅要严格按照所在的省、自治区、直辖市规定的标准，依法取得宅基地。农村居民每户只能有一处不超过标准的宅基地，多出的宅基地，要依法收归集体所有。

严禁耕地撂荒。对于不再从事农业生产、不履行土地承包合同而弃耕的土地，要按规定收回承包权。鼓励采取多种形式进行集约化经营。

积极推行殡葬改革，移风易俗，提倡火葬。土葬不得占用耕地。山区农村可集中划定公共墓地。平原地区的农村，提倡建骨灰堂，集中存放骨灰。要在做好深入细致的思想工作、取得当事人支持与配合的前提下，对占用耕地、林地形成的坟地，采取迁移、深葬等办法妥善处理，以不影响耕种或复垦还耕、还林。

发展乡镇企业要尽量不占或少占耕地、节约使用土地。乡镇企业用地，要按照经批准的村镇建设规划的要求，合理布局，适当集中，依法办理用地审批手续。大力推广新型墙体材料，限制黏土砖生产，严禁占用耕地建砖瓦窑。已经占用耕地建砖瓦窑的，要限期调整、复耕。

除国家征用外，集体土地使用权不得出让，不得用于经营性房地产开发，也不得转让、出租用于非农业建设。用于非农业建设的集体土地，因与本集体外的单位和个人以土地入股等形式兴办企业，或向本集体以外的单位和个人转让、出租、抵押附着物，而发生土地使用权交易的，应依法严格审批，要注意保护农民利益。

集体所有的各种荒地，不得以拍卖、租赁使用权等方式进行非农业建设。

🌱 4. 国务院办公厅关于加强土地转让管理严禁炒卖土地的通知 >>>

（国办发〔1999〕39号　1999年5月6日）

各省、自治区、直辖市人民政府，国务院各部委、各直属机构：

《中共中央、国务院关于进一步加强土地管理切实保护耕地的通知》（中发〔1997〕11号）下发以来，土地管理特别是耕地保护工作得到了加强，取得了一定成效。但是，一些地区仍存在用地秩序混乱、非法转让土地使用权等问题，特别是非法交易农民集体土地的现象比较严重，出现了以开发"果园"、"庄园"为名炒卖土地、非法集资的情况。为进一步加强土地转让管理，防止出现新的"炒地热"，保持农村稳定，保护农民利益，保障经济和社会可持续发展，经国务院总理办公会议审定，现就加强土地转让管理、严禁炒卖土地的有关问题通知如下：

一、严格控制城乡建设用地总量，坚决制止非农建设非法占用土地

城市、村庄、集镇建设一律不得突破土地利用总体规划确定的用地规模，城市新增建设用地和原有建设用地要统一实行总量控制，不得超计划供地；各项建设可利用闲置土地的，必须使用闲置土地，不得批准新占农用地，闲置土地未被充分利用的地区，应核减其下一年度农用地转用指标。

农村居民点要严格控制规模和范围，新建房屋要按照规划审批用地，逐步向中心村和小城镇集中。中心村和小城镇建设要合理布局，统一规划，不得随意征、占农用地。小城镇建设要明确供地方式和土地产权关系，防止发生土地权属纠纷。

乡镇企业用地要严格限制在土地利用总体规划确定的城市和村庄、集镇建设用地范围内，不符合土地利用总体规划的建筑物、构筑物不得改建、扩建，并结合乡镇企业改革和土地整理逐步调整、集中。

严格控制高速公路服务区用地范围，公路两侧符合条件的农田，必须依法划入基本农田保护区。

二、加强对农民集体土地的转让管理，严禁非法占用农民集体土地进行房地产开发

农民集体土地使用权不得出让、转让或出租用于非农业建设；

对符合规划并依法取得建设用地使用权的乡镇企业，因发生破产、兼并等致使土地使用权必须转移的，应当严格依法办理审批手续。

农民的住宅不得向城市居民出售，也不得批准城市居民占用农民集体土地建住宅，有关部门不得为违法建造和购买的住宅发放土地使用证和房产证。

要对未经审批擅自将农民集体土地变为建设用地的情况进行认真清理。凡不符合土地利用总体规划的，要限期恢复农业用途，退还原农民集体土地承包者；符合土地利用总体规划的，必须依法重新办理用地手续。

三、加强对农林开发项目的土地管理，禁止征用农民集体土地进行"果园""庄园"等农林开发

农林项目开发必须符合土地利用总体规划和土地利用年度计划，土地权属和地类必须经过严格认定，任何单位和个人不得在土地利用总体规划确定的禁止开垦区内从事土地开发活动。

进行农林项目开发必须严格按照《中华人民共和国土地管理法》的有关规定办理用地手续，任何单位和个人都不得私自与农村集体经济组织签订用地协议，禁止以征用方式取得农民集体土地进行"果园""庄园"等农林开发。

以承包经营方式使用国有土地进行农林项目开发的，必须签订国有土地承包合同，约定双方的权利和义务。

农林项目开发必须严格按照批准的规划用途使用土地，严禁改变农林用途搞别墅、度假屋、娱乐设施等房地产开发，确需配套进行非农建设的，要依法办理建设用地审批手续。属于基本建设项目的，必须严格按照基本建设程序履行审批手续。建设项目经批准后，方可办理建设用地手续，严禁未批先用土地。

四、强化开发用地的监管，禁止利用土地开发进行非法集资

农林开发用地必须依法进行土地登记，明确规划要求和转让、转租的限定条件，未经批准不得擅自进行分割转让、转租。通过出让方式取得的国有土地使用权或以拍卖方式取得的集体所有的未利用土地使用权，在交清全部土地价款、完成前期开发

后，方可依法转让、出租、抵押；以租赁或承包等其他方式取得的土地使用权，未经原出租或发包方同意，不得转让、出租、抵押或转包、分包。

人民银行要加强对农林开发项目的信贷管理，加大对以土地开发、土地转让为名进行非法集资行为的监管和查处力度。对未交清土地价款、未取得土地使用权的开发用地，各有关银行不得允许其进行抵押贷款。

工商行政管理机关要加强对开发企业的工商管理，严格核定开发企业经营范围。开发企业不得使用"招商"等不规范用语，不得非法从事金融业务；吸收股东进行土地开发的，不论以出售、转让土地使用权方式，还是以其他方式增加新的股东，均应按《中华人民共和国公司法》的规定办理企业登记注册手续。加强对开发企业经营活动的监管，对超范围经营的开发企业，要坚决查处；对非法集资的企业，一经查实，坚决吊销其营业执照，并依法追究有关当事人的责任。

五、规范国有土地交易活动，制止炒卖土地

商业、旅游、娱乐和豪华住宅等经营性用地，原则上必须以招标、拍卖方式提供。出让土地首次转让、出租、抵押，必须符合法律规定和出让合同约定的条件，不符合条件的不得转让、出租、抵押。划拨土地使用权转让、出租等，必须经有批准权的人民政府批准。

严禁利用建设项目、规划许可证和用地红线图转让等形式变相"炒卖"土地。对已批准立项的建设项目，其建设用地符合土地利用规划的，必须限期办理用地手续。

国有企业改组、改制等涉及土地使用权交易时，不得低价售卖土地，要拟订土地资产处置方案，中央企业要选择减轻中央财政负担的方案，报国务院土地行政主管部门批准。

已购公有住房和经济适用住房入市涉及土地使用权交易的，必须将其中的土地收益依法上缴国家。

六、全面清理土地转让、炒卖土地情况，坚决查处土地使用

权非法转让和农民集体土地非法交易的行为

各省、自治区、直辖市人民政府要组织力量对本行政区域内土地转让、炒卖土地情况进行一次全面清理。清理的重点是城乡结合部，特别是公路两侧私搭乱建的违法用地。凡符合土地利用总体规划而未按规定办理有关手续的，必须限期办理，逾期不申报的，按非法占地予以查处。

对现有各种以"果园""庄园"名义进行招商和炒卖土地的开发项目进行清理，按照"谁批准、谁负责"的原则，妥善处理存在的问题，对违反规定的，要追究有关当事人的责任，构成犯罪的，要移交司法机关追究刑事责任。在清理规范之前，各地要立即停止各类"果园""庄园""观光农业"等开发项目和用地的审批。要通过完善举报制度、强化舆论和群众监督，及时查处炒卖土地行为，防止死灰复燃。

国务院各有关部门和各省、自治区、直辖市人民政府要认真贯彻落实本通知精神，制定相应的实施办法和相关的实施细则，确保加强土地转让管理、严禁炒卖土地各项规定的落实。

各省、自治区、直辖市人民政府要在1999年12月底前将清理本行政区域内土地转让、炒卖土地的情况向国务院作出报告。国务院责成国土资源部会同有关部门负责本通知贯彻执行情况的监督检查和落实工作，并定期向国务院作出报告。

中华人民共和国国务院办公厅

一九九九年五月六日

5. 国务院关于深化改革严格土地管理的决定（节选）>>>

（国发〔2004〕28号　2004年10月21日）

二、加强土地利用总体规划、城市总体规划、村庄和集镇规划实施管理

（十）加强村镇建设用地的管理。要按照控制总量、合理布局、节约用地、保护耕地的原则，编制乡（镇）土地利用总体规划、村庄和集镇规划，明确小城镇和农村居民点的数量、布局和

规模。鼓励农村建设用地整理，城镇建设用地增加要与农村建设用地减少相挂钩。农村集体建设用地，必须符合土地利用总体规划、村庄和集镇规划，并纳入土地利用年度计划，凡占用农用地的必须依法办理审批手续。禁止擅自通过"村改居"等方式将农民集体所有土地转为国有土地。禁止农村集体经济组织非法出让、出租集体土地用于非农业建设。改革和完善宅基地审批制度，加强农村宅基地管理，禁止城镇居民在农村购置宅基地。引导新办乡村工业向建制镇和规划确定的小城镇集中。在符合规划的前提下，村庄、集镇、建制镇中的农民集体所有建设用地使用权可以依法流转。

▶ 6. 国务院关于促进节约集约用地的通知（节选）▷▷▷

（国发〔2008〕3 号　2008 年 1 月 3 日）

四、强化农村土地管理，稳步推进农村集体建设用地节约集约利用

（十七）鼓励提高农村建设用地的利用效率。要在坚持尊重农民意愿、保障农民权益的原则下，依法盘活利用农村集体建设用地。按规划稳妥开展农村集体建设用地整理，改善农民生产生活条件。农民住宅建设要符合镇规划、乡规划和村庄规划，住宅建设用地要先行安排利用村内空闲地、闲置宅基地。对村民自愿腾退宅基地或符合宅基地申请条件购买空闲住宅的，当地政府可给予奖励或补助。

（十八）严格执行农村一户一宅政策。各地要结合本地实际完善人均住宅面积等相关标准，控制农民超用地标准建房，逐步清理历史遗留的一户多宅问题，坚决防止产生超面积占用宅基地和新的一户多宅现象。

▶ 7. 中央农办农业农村部自然资源部国家发展改革委财政部关于统筹推进村庄规划工作的意见（节选）▷▷▷

（农规发〔2019〕1 号　2019 年 1 月 4 日）

四、统筹谋划村庄发展

各地要结合农村人居环境整治三年行动，加快推进村庄规划编制实施，统筹谋划村庄发展定位、主导产业选择、用地布局、人居环境整治、生态保护、建设项目安排等，做到不规划不建设、不规划不投入。结合村庄资源禀赋和区位条件，引导产业集聚发展，尽可能把产业链留在乡村，让农民就近就地就业增收。按照节约集约用地原则，提出村庄居民点宅基地控制规模，严格落实"一户一宅"法律规定。综合考虑群众接受、经济适用、维护方便，有序推进村庄垃圾治理、污水处理和厕所改造。按照硬化、绿化、亮化、美化要求，规划村内道路，合理布局村庄绿化、照明等设施，有效提升村容村貌。依据人口规模和服务半径，合理规划供水排水、电力电信等基础设施，统筹安排村民委员会、综合服务站、基层综合性文化服务中心、卫生室、养老和教育等公共服务设施。按照传承保护、突出特色要求，提出村庄景观风貌控制性要求和历史文化景观保护措施。

8. 中央农村工作领导小组办公室、农业农村部关于加强基层农村经营管理体系建设的意见（节选）>>>

（中农发〔2019〕2号　2019年1月10日）

二、全面开展基层农村经营管理各项工作

在新一轮党和国家机构改革后，农村经营管理的工作任务有了进一步调整和拓展，除继续承担指导巩固和完善农村基本经营制度、农村土地承包改革和管理，指导农村集体产权制度改革、农村集体经济组织建设和资产财务管理，指导家庭农场、农民合作经济组织、农业产业化和农业社会化服务体系建设与发展，监督减轻农民负担和村民"一事一议"筹资筹劳管理等工作外，还增加了协调推进乡村治理体系建设、负责农村宅基地改革和管理、指导闲置宅基地和闲置农房利用等。各级农业农村主管部门要按照中央有关改革精神，结合当地实际，进一步加强农村经营管理工作和体系队伍建设。基层农村经营管理部门要切实履职尽责，做好指导、管理、监督和服务工作，确保农村经营管理各项职责任务落到实处。

（一）落实农村土地制度改革任务。抓好农村土地承包管理经常性工作，落实农村土地承包经营权登记制度。指导农村土地所有权、承包权、经营权分置实施，做好农村土地经营权流转管理和服务、农村土地承包纠纷调解仲裁。贯彻执行农村宅基地改革、管理和使用相关法律法规及政策，指导农村宅基地分配、使用、流转、纠纷仲裁管理和宅基地合理布局、用地标准、违法用地查处，落实闲置宅基地和闲置农房利用相关政策，开展闲置宅基地和闲置农房利用情况调查监测和指导利用。

🌱 9. 中央农村工作领导小组办公室、农业农村部关于进一步加强农村宅基地管理的通知 >>>

（中农发〔2019〕11 号 2019 年 9 月 11 日）

各省、自治区、直辖市和新疆生产建设兵团党委农办，农业农村（农牧）厅（局、委）：

宅基地是保障农民安居乐业和农村社会稳定的重要基础。加强宅基地管理，对于保护农民权益、推进美丽乡村建设和实施乡村振兴战略具有十分重要的意义。由于多方面原因，当前农村宅基地管理比较薄弱，一些地方存在超标准占用宅基地、违法违规买卖宅基地、侵占耕地建设住宅等问题，损害农民合法权益的现象时有发生。按照本轮机构改革和新修订的土地管理法规定，农业农村部门负责宅基地改革和管理有关工作，为切实加强农村宅基地管理，现就有关要求通知如下。

一、切实履行部门职责

农村宅基地管理和改革是党和国家赋予农业农村部门的重要职责，具体承担指导宅基地分配、使用、流转、纠纷仲裁管理和宅基地合理布局、用地标准、违法用地查处，指导闲置宅基地和闲置农房利用等工作。各级农业农村部门要充分认识加强宅基地管理工作的重要意义，在党委政府的统一领导下，主动担当，做好工作衔接，健全机构队伍，落实保障条件，系统谋划工作，创新方式方法，全面履职尽责，保持工作的连续性、稳定性，防止出现弱化宅基地管理的情况。要主动加强与自然资源、住房城乡建设等部门的沟通协调，落实宅基地用地指标，建立国土空间规划、村庄规划、宅基地确权登记颁证、农房建设等资源信息共享机制，做好宅基地审批管理与农房建设、不动产登记等工作的有序衔接。

二、依法落实基层政府属地责任

建立部省指导、市县主导、乡镇主责、村级主体的宅基地管理机制。宅基地管理工作的重心在基层，县乡政府承担属地责任，农业农村部门负责行业管理，具体工作由农村经营管理部门承担。随着农村改革发展的不断深入，基层农村经营管理部门的任务越来越重，不仅承担农村土地承包管理、新型农业经营主体培育、集体经济发展和资产财务管理等常规工作，还肩负着农村土地制度、集体产权制度和经营制度的改革创新等重要职责，本轮机构改革后，又增加了宅基地管理、乡村治理等重要任务。但是，当前基层农村经营管理体系不健全、队伍不稳定、力量不匹配、保障不到位等问题十分突出。这支队伍有没有、强不强直接决定着农村改革能否落实落地和农民合法权益能否得到切实维护。县乡政府要强化组织领导，切实加强基层农村经营管理体系的建设，加大支持力度，充实力量，落实经费，改善条件，确保工作有人干、责任有人负。

按照新修订的土地管理法规定，农村村民住宅用地由乡镇政府审核批准。乡镇政府要因地制宜探索建立宅基地统一管理机制，依托基层农村经营管理部门，统筹协调相关部门宅基地用地审查、乡村建设规划许可、农房建设监管等职责，推行一个窗口对外受理、多部门内部联动运行，建立宅基地和农房乡镇联审联办制度，为农民群众提供便捷高效的服务。要加强对宅基地申请、审批、使用的全程监管，落实宅基地申请审查到场、批准后丈量批放到场、住宅建成后核查到场等"三到场"要求。要开展农村宅基地动态巡查，及时发现和处置涉及宅基地的各类违法行为，防止产生新的违法违规占地现象。要指导村级组织完善宅基地民主管理程序，探索设立村级宅基地协管员。

三、严格落实"一户一宅"规定

宅基地是农村村民用于建造住宅及其附属设施的集体建设用地，包括住房、附属用房和庭院等用地。农村村民一户只能拥有一处宅基地，面积不得超过本省、自治区、直辖市规定的标准。农村村民应严格按照批准面积和建房标准建设住宅，禁止未批先建、超面积占用宅基地。经批准易地建造住宅的，应严格按照"建新拆旧"要求，将原宅基地交还村集体。农村村民出卖、出租、赠与住宅后，再申请宅基地的，不予批准。对历史形成的宅基地面积超标和"一户多宅"等问题，要按照有关政策规定分类进行认定和处置。人均土地少、不能保障一户拥有一处宅基地的地区，县级人民政府在充分尊重农民意愿的基础上，可以采取措施，按照省、自治区、直辖市规定的标准保障农村村民实现户有所居。

四、鼓励节约集约利用宅基地

严格落实土地用途管制，农村村民建住宅应当符合乡（镇）土地利用总体规划、村庄规划。合理安排宅基地用地，严格控制新增宅基地占用农用地，不得占用永久基本农田；涉及占用农用地的，应当依法先行办理农用地转用手续。城镇建设用地规模范围外的村庄，要通过优先安排新增建设用地计划指标、村庄整治、废旧宅基地腾退等多种方式，增加宅基地空间，满足符合宅基地分配条件农户的建房需求。城镇建设用地规模范围内，可以通过建设农民公寓、农民住宅小区等方式，满足农民居住需要。

五、鼓励盘活利用闲置宅基地和闲置住宅

鼓励村集体和农民盘活利用闲置宅基地和闲置住宅，通过自主经营、合作经营、委托经营等方式，依法依规发展农家乐、民宿、乡村旅游等。城镇居民、工商资本等租赁农房居住或开展经营的，要严格遵守合同法的规定，租赁合同的期限不得超过二十年。合同到期后，双方可以另行约定。在尊重农民意愿并符合规划的前提下，鼓励村集体积极稳妥开展闲置宅基地整治，整治出的土地优先用于满足农民新增宅基地需求、村庄建设和乡村产业发展。闲置宅基地盘活利用产生的土地增值收益要全部用于农业农村。在征得宅基地所有权人同意的前提下，鼓励农村村民在本集体经济组织内部向符合宅基地申请条件的农户转让宅基地。各地可探索通过制定宅基地转让示范合同等方式，引导规范转让行为。转让合同生效后，应及时办理宅基地使用权变更手续。对进城落户的农村村民，各地可以多渠道筹集资金，探索通过多种方式鼓励其自愿有偿退出宅基地。

六、依法保护农民合法权益

要充分保障宅基地农户资格权和农民房屋财产权。不得以各种名义违背农民意愿强制流转宅基地和强迫农民"上楼"，不得违法收回农户合法取得的宅基地，不得以退出宅基地作为农民进城落户的条件。严格控制整村撤并，规范实施程序，加强监督管理。宅基地是农村村民的基本居住保障，严禁城镇居民到农村购买宅基地，严禁下乡利用农村宅基地建设别墅大院和私人会馆。严禁借流转之名违法违规圈占、买卖宅基地。

七、做好宅基地基础工作

各级农业农村部门要结合国土调查、宅基地使用权确权登记颁证等工作，推动建立农村宅基地统计调查制度，组织开展宅基地和农房利用现状调查，全面摸清宅基地规模、布局和利用情况。逐步建立宅基地基础信息数据库和管理信息系统，推进宅基地申请、审批、流转、退出、违法用地查处等的信息化管理。要加强调查研究，及时研究解决宅基地管理和改革过程中出现的新情况新问题，注意总结基层和农民群众创造的好经验好做法，落实新修订的土地管理法规定，及时修订完善各地宅基地管理办法。要加强组织领导，强化自身建设，加大法律政策培训力度，以工作促体系建队伍，切实做好宅基地管理工作。

第三节　司法解释

最高人民法院关于审理涉及农村集体土地行政案件若干问题的规定>>>

（2011 年 5 月 9 日最高人民法院审判委员会第 1 522 次会议通过　2011 年 8 月 7 日公布法释〔2011〕20 号　自 2011 年 9 月 5 日起施行）

为正确审理涉及农村集体土地的行政案件，根据《中华人民共和国物权法》《中华人民共和国土地管理法》和《中华人民共和国行政诉讼法》等有关法律规定，结合行政审判实际制定本规定。

第一条　农村集体土地的权利人或者利害关系人（以下简称土地权利人）认为行政机关作出的涉及农村集体土地的行政行为侵犯其合法权益，提起诉讼的，属于人民法院行政诉讼的受案范围。

第二条　土地登记机构根据人民法院生效裁判文书、协助执行通知书或者仲裁机构的法律文书办理的土地权属登记行为，土地权利人不服提起诉讼的，人民法院不予受理，但土地权利人认为登记内容与有关文书内容不一致的除外。

第三条　村民委员会或者农村集体经济组织对涉及农村集体土地的行政行为不起诉的，过半数的村民可以以集体经济组织名义提起诉讼。农村集体经济组织成员全部转为城镇居民后，对涉及农村集体土地的行政行为不服的，过半数的原集体经济组织成员可以提起诉讼。

第四条　土地使用权人或者实际使用人对行政机关作出涉及其使用或实际使用的集体土地的行政行为不服的，可以以自己的名义提起诉讼。

第五条　土地权利人认为土地储备机构作出的行为侵犯其依

法享有的农村集体土地所有权或使用权的，向人民法院提起诉讼的，应当以土地储备机构所隶属的土地管理部门为被告。

第六条　土地权利人认为乡级以上人民政府作出的土地确权决定侵犯其依法享有的农村集体土地所有权或者使用权，经复议后向人民法院提起诉讼的，人民法院应当依法受理。法律、法规规定应当先申请行政复议的土地行政案件，复议机关作出不受理复议申请的决定或者以不符合受理条件为由驳回复议申请，复议申请人不服的，应当以复议机关为被告向人民法院提起诉讼。

第七条　土地权利人认为行政机关作出的行政处罚、行政强制措施等行政行为侵犯其依法享有的农村集体土地所有权或者使用权，直接向人民法院提起诉讼的，人民法院应当依法受理。

第八条　土地权属登记（包括土地权属证书）在生效裁判和仲裁裁决中作为定案证据，利害关系人对该登记行为提起诉讼的，人民法院应当依法受理。

第九条　涉及农村集体土地的行政决定以公告方式送达的，起诉期限自公告确定的期限届满之日起计算。

第十条　土地权利人对土地管理部门组织实施过程中确定的土地补偿有异议，直接向人民法院提起诉讼的，人民法院不予受理，但应当告知土地权利人先申请行政机关裁决。

第十一条　土地权利人以土地管理部门超过两年对非法占地行为进行处罚违法，向人民法院起诉的，人民法院应当按照行政处罚法第二十九条第二款的规定处理。

第十二条　征收农村集体土地时涉及被征收土地上的房屋及其他不动产，土地权利人可以请求依照物权法第四十二条第二款的规定给予补偿的。征收农村集体土地时未就被征收土地上的房屋及其他不动产进行安置补偿，补偿安置时房屋所在地已纳入城市规划区，土地权利人请求参照执行国有土地上房屋征收补偿标准的，人民法院一般应予支持，但应当扣除已经取得的土地补偿费。

第十三条　在审理土地行政案件中，人民法院经当事人同意进行协调的期间，不计算在审理期限内。当事人不同意继续协商的，人民法院应当及时审理，并恢复计算审理期限。

第十四条 县级以上人民政府土地管理部门根据土地管理法实施条例第四十五条的规定，申请人民法院执行其作出的责令交出土地决定的，应当符合下列条件：

（一）征收土地方案已经有权机关依法批准；

（二）市、县人民政府和土地管理部门已经依照土地管理法和土地管理法实施条例规定的程序实施征地行为；

（三）被征收土地所有权人、使用人已经依法得到安置补偿或者无正当理由拒绝接受安置补偿，且拒不交出土地，已经影响到征收工作的正常进行；

（四）符合《最高人民法院关于执行〈中华人民共和国行政诉讼法〉若干问题的解释》第八十六条规定的条件。

人民法院对符合条件的申请，应当裁定予以受理，并通知申请人；对不符合条件的申请，应当裁定不予受理。

第十五条 最高人民法院以前所作的司法解释与本规定不一致的，以本规定为准。

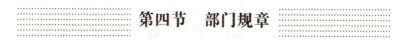

第四节 部门规章

1. 国家土地管理局土地登记规则 >>>

第一章 总 则

第一条 土地登记是国家依法对国有土地使用权、集体土地所有权、集体土地使用权和土地他项权利的登记。

本规划所称土地他项权利，是指土地使用权和土地所有权以外的土地权利，包括抵押权、承租权以及法律、行政法规规定需要登记的其他土地权利。

第二条 土地登记分为初始土地登记和变更土地登记。初始土地登记又称总登记，是指在一定时间内，对辖区全部土地或者特定区域的土地进行的普遍登记；变更土地登记，是指初始土地登记以外的土地登记，包括土地使用权、所有权和土地他项权利设定登记，土地使用权、所有权和土地他项权利变更登记，名称、地址和土地用途变更登记，注销土地登记等。

第三条 国有土地使用者、集体土地所有者、集体土地使用者和土地他项权利者，必须依照本规则划定，申请土地登记。

申请土地登记，申请者可以授权委托代理人办理。授权委托书应当载明委托事项和权限。

依法登记的土地使用权、所有权和土地他项权利受法律保护，任何单位和个人不得侵犯。

第四条 土地登记以县级行政区为单位组织进行。具体工作由县级以上人民政府土地管理部门负责。

第五条 土地登记以宗地为基本单元。

拥有或者使用两宗以上土地的土地使用者或土地所有者，应当分宗申请登记。

两个以上土地使用者共同使用一宗土地的，应当分别申请登记。

跨县级行政区使用土地的，应当分别向土地所在地县级以上地方人民政府土地管理部门申请登记。

第六条 土地登记依照下列程序进行：

（一）土地登记申请；

（二）地籍调查；

（三）权属审核；

（四）注册登记；

（五）颁发或者更换土地证书。

第七条 国家土地管理局主管全国的土地登记工作。

县级以上地方人民政府土地管理部门主管本行政区域内的土地登记工作。

第二章 初始土地登记

第八条 初始土地登记，由县级以上地方人民政府发布通告。通告的主要内容包括：

（一）土地登记区的划分；

（二）土地登记的期限；

（三）土地登记收件地点；

（四）土地登记申请者应当提交的有关证件；

（五）其他事项。

第九条 国有土地使用权由使用国有土地的单位及法定代表人或者使用国有土地的个人申请登记。

集体土地所有权由村民委员会或者农业集体经济组织及法定代表人申请登记。

集体土地使用权由使用集体土地的单位及法定代表人或者使用集体土地的个人申请登记。土地他项权利需要单独申请的，由有关权利人申请登记。

第十条 土地登记申请者申请土地使用权、所有权和土地他项权利登记，必须向土地管理部门提交下列文件资料：

（一）土地登记申请书；

（二）单位、法定代表人证明，个人身份证明或者户籍证明；

（三）土地权属来源证明；

（四）地上附着物权属证明；

委托代理人申请土地登记的，还应当提交授权委托书和代理人资格身份证明。

第十一条 申请土地登记，申请者须向土地管理部门领取土地登记申请书。

土地登记申请书应载明下列基本事项，并由申请者签名盖章：

（一）申请者名称、地址；

（二）土地坐落、面积、用途、等级、价格；

（三）土地所有权、使用权和土地他项权利权属来源证明；

（四）其他事项。

第十二条 土地管理部门接受土地登记申请者提交的申请书及权属来源证明，应当在收件簿上载明名称、页数、件数，并给申请者开具收据。

第十三条 土地管理部门负责组织辖区内的地籍调查。地籍调查规程由国家土地管理局制定。

第四部分 部门规章

第十四条 土地管理部门应当根据地籍调查和土地定级估价成果，对土地权属、面积、用途、等级、价格等逐宗进行全面审核，填写土地登记审批表。

土地登记审批表以宗地为单位填写。两个以上土地使用者共同使用一宗土地的，应当分别填写土地登记审批表。

第十五条 经土地管理部门审核，对认为符合登记要求的宗地予以公告。

公告的主要内容包括：

（一）土地使用者、所有者和土地他项权利者的名称、地址；

（二）准予登记的土地权属性质、面积、坐落；

（三）土地使用者、所有者和土地他项权利者及其他土地权益有关者提出异议的期限、方式和受理机关；

（四）其他事项。

第十六条 土地登记申请者及其他土地权益有关者在公告规定的期限内，可以向土地管理部门申请复查，并按规定缴纳复查费。经复查无误的，复查费不予退还；经复查确有差错的，复查费由造成差错者承担。

第十七条 土地登记过程中的土地权属争议，按照《中华人民共和国土地管理法》第十三条规定进行处理后，再行登记。

第十八条 公告期满，土地使用者、所有者和土地他项权利者及其他土地权益有关者对土地登记审核结果未提出异议的，由人民政府批准后，按照以下规定办理注册登记：

（一）根据对土地登记申请的调查审核结果，以宗地为单位逐项填写土地登记卡，并由登记人员和土地管理部门主管领导在土地登记卡的经办人，审核人栏签字；

（二）根据土地登记卡的有关内容填写土地归户卡，并由登记人员在土地归户卡的经办人栏签字。土地归户卡以权利人为单位填写，凡在一个县级行政区范围内对两宗以上土地拥有权利的，应当填写在同一土地归户卡上；

（三）根据土地登记卡的相关内容填写土地证书。土地证书以宗地为单位填写。两个以上土地使用者共同使用一宗土地的，应当分别填写土地证书。

第十九条 由县级以上地方人民政府向国有土地使用者、集体土地所有者、集体土地使用者分别颁发《国有土地使用证》《集体土地所有证》和《集体土地使用证》。

县级以上地方人民政府土地管理部门向土地他项权利者颁发土地他项权利证明书。

第二十条 尚未确定土地使用权、所有权的土地，由土地管理部门进行登记造册，不发土地证书。

第二十一条 本章除有关通知和公告的规定外适用于变更土地登记。

第三章 土地使用权、所有权和土地他项权利设定登记

第二十二条 设定土地使用权、所有权和土地他项权利必须依照本章规定向土地管理部门申请登记。

第二十三条 以划拨方式取得国有土地使用权的，按照以下规定办理土地登记手续：

（一）新开工的大中型建设项目使用划拨国有土地的，建设单位应当在接到县级以上人民政府发给的建设用地批准书之日起三十日内，持建设用地批准书申请土地预登记，建设项目竣工验收后，建设单位应当在该建设项目竣工验收之日起三十日内，持

建设项目竣工验收报告和其他有关文件申请国有土地使用权设定登记；

（二）其他项目使用划拨国有土地的，土地使用单位或者个人应当在接到县级以上人民政府批准用地文件之日起三十日内，持批准用地文件申请国有土地使用权设定登记。划拨新征用农民集体所有土地的，被征地单位应当依照本规划规定，同时申请集体土地所有权注销登记或者变更登记。

第二十四条　集体土地依法转为国有土地后，原集体土地使用者继续使用该国有土地的，应当在土地所有权性质变更后三十日内，持原《集体土地使用证》和其他有关文件申请国有土地使用权设定登记。

第二十五条　使用本集体土地进行建设或生产，集体土地使用单位或者个人应当在接到有批准权的地方人民政府批准用地文件或者农地使用合同签订之日起三十日内，持批准用地文件或者农地使用合同申请集体土地使用权设定登记。

第二十六条　以出让方式取得国有土地使用权的，受让方应当在按出让合同约定支付全部土地使用权出让金后三十日内，持土地使用权出让合同和土地使用权出让金支付凭证申请国有土地使用权设定登记。

成片开发用地采取一次出让、分期付款、分期提供出让国有土地使用权的，受让方应当在每期付款后三十日内，持土地使用权出让合同和土地使用权出让金支付凭证申请国有土地使用权设定登记。

第二十七条　国家将国有土地使用权以作价入股方式让与股份制企业的，该企业应当在签订入股合同之日起三十日内，持土地使用权入股合同和其他有关证明文件申请国有土地使用权设定登记。

第二十八条　依法向政府土地管理部门承租国有土地的，承租人应当在签订租赁合同之日起三十日内，持土地租赁合同和其他有关证明文件申请承租国有土地使用权登记。

第二十九条　依法抵押土地使用权的，当事人应当在抵押合同签订后十五日内，持抵押合同以及有关文件申请土地使用权抵押登记。土地管理部门应当在被抵押土地的土地登记卡上登记，并向抵押权人颁发土地他项权利证明书。

同一宗地多次抵押时，以收到抵押登记申请先后为序办理抵押登记和实现抵押权。

第三十条　有出租权的土地使用者依法出租土地使用权的，出租人与承租人应当在租赁合同签订后十五日内，持租赁合同及有关文件申请土地使用权出租登记。土地管理部门应当在出租土地的土地登记卡进行登记，并向承租人颁发土地他项权利证明书。

第三十一条　设定法律、行政法规规定需要登记的其他土地他项权利的，当事人应当在确定之日起十五日内，申请设定登记。

第四章　土地使用权、所有权和土地他项权利变更登记

第三十二条　依法变更土地使用权、所有权和土地他项权利的，必须依照本章规定向土地管理部门申请登记。

第三十三条　申请土地使用权、所有权变更登记时，申请者应当依照规定申报地价；未申报地价的，按宗地标定地价进行登记。

第三十四条　划拨土地使用权依法办理土地使用权出让手续的，土地使用者应当在缴纳土地使用权出让金后三十日内，持土地使用权出让合同、出让金缴纳凭证及原《国有土地使用证》申请变更登记。

第三十五条　企业将通过出让或者国有入股等形式取得的国有土地使用权，再以入股方式转让的，转让双方当事人应当在入股合同签订之日起三十日内，持以出让或者国家入股等方式取得土地使用权的合法凭证、入股合同和原企业的《国有土地使用证》申请变更登记。

第三十六条　集体土地所有者将集体土地使用权作为联营条件兴办三资企业和内联企业的，双方当事人应当在联营合同签定

后三十日内，持县级以上人民政府批准文件和入股合同申请变更登记。

第三十七条　有下列情形之一的，土地使用权转让双方当事人应当在转让合同或者协议签订后三十日内，涉及房产变更的，在房产变更登记发证后十五日内，持转让合同或者协议、土地税费缴纳证明文件和原土地证书等申请变更登记：

（一）依法转让土地使用权的；

（二）因买卖、转让地上建筑物、附着物等一并转移土地使用权的。

房屋所有权变更而使土地使用权变更的，在申请变更登记时，应当提交变更后的房屋所有权证书。

第三十八条　因单位合并、分立、企业兼并等原因引起土地使用权变更的，有关各方应当在合同签订后三十日内或者在接到上级主管部门的批准文件后三十日内，持合同或者上级主管部门的批准文件和原土地证书申请变更登记。

第三十九条　因交换、调整土地而发生土地使用权、所有权变更的，交换、调整土地的各方应当在接到交换、调整协议批准文件后三十日内，持协议、批准文件和原土地证书共同申请变更登记。

第四十条　因处分抵押财产而取得土地使用权的，取得土地使用权的权利人和原抵押财产处分后三十日内，持有关证明文件申请变更登记。

第四十一条　商品房顶售，预售人应当在预售合同签订后三十日内，将预售合同报县级以上人民政府房产管理部门和土地管理部门登记备案。

县级以上人民政府土地管理部门建立商品房预售合同登记备案簿，记录预售人和预购人名称、商品房所占土地位置、预售金额、交付使用日期、预售面积等内容。

第四十二条　出售公有住房，售房单位与购房职工应当在县级以上地方人民政府房产管理部门登记房屋所有权之日起三十日内，持公房出售批准文件、售房合同、房屋所有权证书和售房单位原土地证书申请变更登记。

第四十三条　土地使用权抵押期间，抵押合同发生变更的，抵押当事人应当在抵押合同发生变更后十五日内。持有关文件申请变更登记。

第四十四条　土地使用权出租期间，租赁合同发生变更的，出租人和承租人应当在租赁合同发生变更后十五日内，持有关文件申请变更登记。

第四十五条　变更法律、行政法规规定需要登记的其他土地他项权利的，当事人应当在变更之日起十五日内，申请变更登记。

第四十六条　依法继承土地使用权和土地他项权利的，继承人应当在办理继承手续后三十日内，持有关证明文件申请变更登记。

第四十七条　其他形式的土地使用权、所有权和土地他项权利变更，当事人应当在发生变更之日起三十日内，持有关证明文件申请变更登记。

第五章　名称、地址和土地用途变更登记

第四十八条　土地使用者、所有者和土地他项权利者更改名称、地址和依法变更土地用途的，必须依照本章规定向土地管理部门申请登记。

第四十九条　土地使用者、所有者和土地他项权利者更改名称、地址的，应当在名称、地址发生变更之日起三十日内，持有关证明文件申请名称、地址变更登记。

第五十条　国有土地的用途发生变更的，土地使用者应当在批准变更之日起三十日内，持有关部门批准文件和原《国有土地使用证》申请土地用途变更登记。以出让方式取得国有土地使用权的用途发生变更的，土地使用者还应当提交签订的土地使用权出让合同变更协议或者重新签订的土地使用权出让合同。

第五十一条　农村集体所有土地进行农业结构调整涉及已登记地类变化的，集体土地所有者应当在农业结构调整后三十日内，持批准文件、《集体土地所有证》和《集体土地使用证》申请土地用途变更登记。

第五十二条　集体土地建设用地的用途发生变更的，土地使用者应当在接到有批准权的地方人民政府批准文件之日起三十日内，持批准文件和原《集体土地使用证》申请土地变更登记。

第六章　注销土地登记

第五十三条　集体所有的土地依法被全部征用或者农业集体经济组织所属成员依法成建制转为城镇居民的。

第五十四条　县级以上人民政府依法收回国有土地使用权的，土地管理部门在收回土地使用权的同时，办理国有土地使用权注销登记，注销土地证书。

第五十五条　国有土地使用权出让或者租赁期满，未申请续期或者续期申请未获批准的。

第五十六条　因自然灾害等造成土地权利灭失的。

第五十七条　土地他项权利终止，当事人应当在该土地他项权利终止之日起十五日内，持有关证明文件申请土地他项权利注销登记。

第五十八条　土地使用者、所有者和土地他项权利者未按照本规则规定申请注销登记的，土地管理部门可以依照规定直接办理注销土地登记，注销土地证书。

第七章　土地登记文件资料

第五十九条　土地登记形成的文件资料主要有以下几种：

（一）土地登记申请书；

（二）土地登记收件单；

（三）土地权属证明文件、资料；

（四）土地登记审批表；

（五）地籍图；

（六）土地登记簿（卡）；

（七）土地证书签收簿；

（八）土地归户册（卡）；

（九）土地登记复查申请表；

（十）土地登记复查结果表；

（十一）确权过程中形成的协议书、决定书等文件、资料。

土地登记文件资料由土地管理部门指定专人管理、更新、提供应用。

第六十条 土地登记卡以街道（乡、镇）为单位，按街道（村）及宗地号顺序排列组装土地登记簿。

宗地分割的，在原土地登记卡顺序上按宗地分割后支号的顺序排列。

宗地合并的，以合并后的宗地号顺序排列。

第六十一条 土地归户卡以县级行政区为单位，按土地权利人名称第一个字（或姓氏）笔画排列组装土地归户册。

第六十二条 土地登记文件资料的查阅，按照土地管理部门规定办理。未经允许不得向第三者提供或者公布。

土地使用权转让、抵押和出租应当以土地登记文件资料为准。需要查询土地登记文件资料的，受让人、抵押权人和承租人应当提出书面请求。凡符合查询规定的，土地管理部门应当出具书面查询结果或资料。

第六十三条 任何单位和个人不得伪造、擅自涂改和复制土地证书、土地登记文件资料。

第六十四条 《国有土地使用证》《集体土地所有证》《集体土地使用证》和土地他项权利证明书式样由国家土地管理局统一制定，由国家土地管理局或其授权的单位统一印制。土地登记卡和土地归户卡由国家土地管理局统一格式，由县级以上地方人民政府土地管理部门印制。

土地登记所需的其他表、卡、簿按照国家土地管理局制订的基本格式要求，各省、自治区、直辖市人民政府土地管理部门可进行适当补充规定。任何单位和个人不得非法印制土地证书。非法印制的土地证书无效。

第六十五条 土地登记卡是土地登记的主件，也是土地使用权、所有权和土地他项权利的法律依据；土地证书是土地登记卡部分内容的副本，是土地使用者、所有者的土地他项权利者持有的法律凭证。

第八章 附 则

第六十六条 有下列情形之一的，土地管理部门不予受理土地登记申请：

（一）申请登记的土地不在本登记区的；

（二）提供的证明材料不齐全的；

（三）不能提供合法证明的；

（四）土地使用权转让、出租、抵押期限超过土地使用权出让年限的；

（五）按规定应当申报地价而未申报的，或者地价应当经土地管理部门确认而未办理确认手续的；

（六）其他依法不予受理的。

第六十七条 有下列情形之一的，土地管理部门可以作出暂缓登记的决定：

（一）土地权属争议尚未解决的；

（二）土地违法行为尚未处理或者正在处理的；

（三）依法限制土地权利或者依法查封地上建筑物、其他附着物而限制土地权利的；

（四）法律、法规规定暂缓登记的其他事项。

第六十八条 土地管理部门应当在受理土地使用权、所有权设定登记，土地使用权、所有权变更登记，名称、地址和土地用途变更登记申请之日起三十日内，对登记申请和地籍调查结果进行审核，并报经批准后进行注册登记，颁发、更换或者更改土地证书。

土地管理部门应当在受理土地他项权利设定登记、土地他项权利变更登记和注销土地登记申请之日起十五日内，对登记申请和地籍调查结果进行审核后办理注册登记或者注销登记，颁发或者更换土地他项权利证明书，或者将注销登记的结果书面通知当事人。

土地管理部门作出不予受理土地登记申请或者暂缓登记决定的，应当自接到申请之日起十五日内将作出决定的理由书面通知当事人。

第六十九条　土地使用者、所有者凡不按规定如期申请初始土地登记的，按照非法占地的处理办法论处；对凡不按规定如期申请变更土地登记的，除按违法占地处理外，视情节轻重报经县级以上人民政府批准，注销土地登记，注销土地证书。

第七十条　土地管理部门工作人员违反本规则，严重失职的，应当根据情节给予政纪处分和经济处罚，直至依法追究刑事责任。

第七十一条　土地登记后，发现错登或者漏登的，土地管理部门应当办理更正登记；利害关系人也可以申请更正登记。

第七十二条　临时用地的登记办法由省、自治区、直辖市人民政府土地管理部门制定，报省、自治区、直辖市人民政府批准后执行。

第七十三条　土地证书实行定期查验制度。土地使用者、所有者和土地他项权利者应当按照土地管理部门规定的期限办理土地证书查验手续。具体办法由省、自治区、直辖市人民政府土地管理部门制定。

第七十四条　土地使用者、所有者和土地他项权利者应当按照国家规定缴纳土地登记费用。

第七十五条　土地管理部门具体负责土地登记的人员及执业土地登记申请代理人员须经考核合格、领取资格证书后，持证上岗。具体办法另行规定。

第七十六条　经省、自治区、直辖市人民政府确定，县级以上地方人民政府由一个部门统一负责房产管理和土地管理工作的，可以制作、颁发统一的房地产权证书，依法将房屋的所有权和该房屋占用范围的土地使用权的确认和变更，分别载入房地产权证书。房地产权证书中有关土地权利的记载格式和内容应当符合国家土地管理局的有关规定并报经批准。

第七十七条　本规则由国家土地管理局负责解释。

第七十八条　本规则自 1996 年 2 月 1 日起施行。

2. 土地权属争议调查处理办法 >>>

（2003 年 1 月 3 日中华人民共和国国土资源部令第 17 号公布　根据 2010 年 11 月 30 日《国土资源部关于修改部分规章的决定》修正）

第一条　为依法、公正、及时地做好土地权属争议的调查处理工作，保护当事人的合法权益，维护土地的社会主义公有制，根据《中华人民共和国土地管理法》，制定本办法。

第二条　本办法所称土地权属争议，是指土地所有权或者使用权归属争议。

第三条　调查处理土地权属争议，应当以法律、法规和土地管理规章为依据。从实际出发，尊重历史，面对现实。

第四条　县级以上国土资源行政主管部门负责土地权属争议案件（以下简称争议案件）的调查和调解工作；对需要依法作出处理决定的，拟定处理意见，报同级人民政府作出处理决定。县级以上国土资源行政主管部门可以指定专门机构或者人员负责办理争议案件有关事宜。

第五条　个人之间、个人与单位之间、单位与单位之间发生的争议案件，由争议土地所在地的县级国土资源行政主管部门调查处理。

前款规定的个人之间、个人与单位之间发生的争议案件，可以根据当事人的申请，由乡级人民政府受理和处理。

第六条　设区的市、自治州国土资源行政主管部门调查处理下列争议案件：

（一）跨县级行政区域的；

（二）同级人民政府、上级国土资源行政主管部门交办或者有关部门转送的。

第七条　省、自治区、直辖市国土资源行政主管部门调查处理下列争议案件：

（一）跨设区的市、自治州行政区域的；

（二）争议一方为中央国家机关或者其直属单位，且涉及土地面积较大的；

（三）争议一方为军队，且涉及土地面积较大的；

（四）在本行政区域内有较大影响的；

（五）同级人民政府、国土资源部交办或者有关部门转送的。

第八条　国土资源部调查处理下列争议案件：

（一）国务院交办的；

（二）在全国范围内有重大影响的。

第九条　当事人发生土地权属争议，经协商不能解决的，可以依法向县级以上人民政府或者乡级人民政府提出处理申请，也可以依照本办法第五、六、七、八条的规定，向有关的国土资源行政主管部门提出调查处理申请。

第十条　申请调查处理土地权属争议的，应当符合下列条件：

（一）申请人与争议的土地有直接利害关系；

（二）有明确的请求处理对象、具体的处理请求和事实根据。

第十一条　当事人申请调查处理土地权属争议，应当提交书面申请书和有关证据材料，并按照被申请人数提交副本。

申请书应当载明以下事项：

（一）申请人和被申请人的姓名或者名称、地址、邮政编码、法定代表人姓名和职务；

（二）请求的事项、事实和理由；

（三）证人的姓名、工作单位、住址、邮政编码。

第十二条　当事人可以委托代理人代为申请土地权属争议的调查处理。委托代理人申请的，应当提交授权委托书。授权委托书应当写明委托事项和权限。

第十三条　对申请人提出的土地权属争议调查处理的申请，国土资源行政主管部门应当依照本办法第十条的规定进行审查，并在收到申请书之日起 7 个工作日内提出是否受理的意见。

认为应当受理的，在决定受理之日起 5 个工作日内将申请书副本发送被申请人。被申请人应当在接到申请书副本之日起 30 日内提交答辩书和有关证据材料。逾期不提交答辩书的，不影响案件的处理。

认为不应当受理的，应当及时拟定不予受理建议书，报同级人民政府作出不予受理决定。当事人对不予受理决定不服的，可以依法申请行政复议或者提起行政诉讼。

同级人民政府、上级国土资源行政主管部门交办或者有关部门转办的争议案件，按照本条有关规定审查处理。

第十四条　下列案件不作为争议案件受理：

（一）土地侵权案件；

（二）行政区域边界争议案件；

（三）土地违法案件；

（四）农村土地承包经营权争议案件；

（五）其他不作为土地权属争议的案件。

第十五条　国土资源行政主管部门决定受理后，应当及时指定承办人，对当事人争议的事实情况进行调查。

第十六条　承办人与争议案件有利害关系的，应当申请回避；当事人认为承办人与争议案件有利害关系的，有权请求该承办人回避。承办人是否回避，由受理案件的国土资源行政主管部门决定。

第十七条　承办人在调查处理土地权属争议过程中，可以向有关单位或者个人调查取证。被调查的单位或者个人应当协助，并如实提供有关证明材料。

第十八条　在调查处理土地权属争议过程中，国土资源行政主管部门认为有必要对争议的土地进行实地调查的，应当通知当事人及有关人员到现场。必要时，可以邀请有关部门派人协助调查。

第十九条　土地权属争议双方当事人对各自提出的事实和理由负有举证责任，应当及时向负责调查处理的国土资源行政主管部门提供有关证据材料。

第二十条　国土资源行政主管部门在调查处理争议案件时，应当审查双方当事人提供的下列证据材料：

（一）人民政府颁发的确定土地权属的凭证；

（二）人民政府或者主管部门批准征收、划拨、出让土地或者以其他方式批准使用土地的文件；

（三）争议双方当事人依法达成的书面协议；

（四）人民政府或者司法机关处理争议的文件或者附图；

（五）其他有关证明文件。

第二十一条　对当事人提供的证据材料，国土资源行政主管部门应当查证属实，方可作为认定事实的根据。

第二十二条　在土地所有权和使用权争议解决之前，任何一方不得改变土地利用的现状。

第二十三条　国土资源行政主管部门对受理的争议案件，应当在查清事实、分清权属关系的基础上先行调解，促使当事人以协商方式达成协议。

调解应当坚持自愿、合法的原则。

第二十四条　调解达成协议的，应当制作调解书。调解书应当载明以下内容：

（一）当事人的姓名或者名称、法定代表人姓名、职务；

（二）争议的主要事实；

（三）协议内容及其他有关事项。

第二十五条　调解书经双方当事人签名或者盖章，由承办人署名并加盖国土资源行政主管部门的印章后生效。生效的调解书具有法律效力，是土地登记的依据。

第二十六条 国土资源行政主管部门应当在调解书生效之日起15日内，依照民事诉讼法的有关规定，将调解书送达当事人，并同时抄报上一级国土资源行政主管部门。

第二十七条 调解未达成协议的，国土资源行政主管部门应当及时提出调查处理意见，报同级人民政府作出处理决定。

第二十八条 国土资源行政主管部门应当自受理土地权属争议之日起6个月内提出调查处理意见。因情况复杂，在规定时间内不能提出调查处理意见的，经该国土资源行政主管部门的主要负责人批准，可以适当延长。

第二十九条 调查处理意见应当包括以下内容：

（一）当事人的姓名或者名称、地址、法定代表人的姓名、职务；

（二）争议的事实、理由和要求；

（三）认定的事实和适用的法律、法规等依据；

（四）拟定的处理结论。

第三十条 国土资源行政主管部门提出调查处理意见后，应当在5个工作日内报送同级人民政府，由人民政府下达处理决定。

国土资源行政主管部门的调查处理意见在报同级人民政府的同时，抄报上一级国土资源行政主管部门。

第三十一条 当事人对人民政府作出的处理决定不服的，可以依法申请行政复议或者提起行政诉讼。在规定的时间内，当事人既不申请行政复议，也不提起行政诉讼，处理决定即发生法律效力。

生效的处理决定是土地登记的依据。

第三十二条 在土地权属争议调查处理过程中，国土资源行政主管部门的工作人员玩忽职守、滥用职权、徇私舞弊，构成犯罪的，依法追究刑事责任；不构成犯罪的，由其所在单位或者其上级机关依法给予行政处分。

第三十三条　乡级人民政府处理土地权属争议，参照本办法执行。

第三十四条　调查处理争议案件的文书格式，由国土资源部统一制定。

第三十五条　调查处理争议案件的费用，依照国家有关规定执行。

第三十六条　本办法自 2003 年 3 月 1 日起施行。1995 年 12 月 18 日原国家土地管理局发布的《土地权属争议处理暂行办法》同时废止。

3. 确定土地所有权和使用权的若干规定（节选）>>>

第五章　集体土地建设用地使用权

第四十五条　一九八二年二月国务院发布《村镇建房用地管理条例》之前农村居民建房占用的宅基地，超过当地政府规定的面积，在《村镇建房用地管理条例》施行后未经拆迁、改建、翻建的，可以暂按现有实际使用面积确定集体土地建设用地使用权。

第四十六条　一九八二年二月《村镇建房用地管理条例》发布时起至一九八七年一月《土地管理法》开始施行时止，农村居民建房占用的宅基地，其面积超过当地政府规定标准的，超过部分按一九八六年三月中共中央、国务院《关于加强土地管理、制止乱占耕地的通知》及地方人民政府的有关规定处理后，按处理后实际使用面积确定集体土地建设用地使用权。

第四十七条　符合当地政府分户建房规定而尚未分户的农村居民，其现有的宅基地没有超过分户建房用地合计面积标准的，可按现有宅基地面积确定集体土地建设用地使用权。

第四十八条　非农业户口居民（含华侨）原在农村的宅基地，房屋产权没有变化的，可依法确定其集体土地建设用地使用权。房屋拆除后没有批准重建的，土地使用权由集体收回。

第四十九条 接受转让、购买房屋取得的宅基地，与原有宅基地合计面积超过当地政府规定标准，按照有关规定处理后允许继续使用的，可暂确定其集体土地建设用地使用权。继承房屋取得的宅基地，可确定集体土地建设用地使用权。

第五十条 农村专业户宅基地以外的非农业建设用地与宅基地分别确定集体土地建设用地使用权。

第五十一条 按照本规定第四十五条至第四十九条的规定确定农村居民宅基地集体土地建设用地使用权时，其面积超过当地政府规定标准的，可在土地登记卡和土地证书内注

明超过标准面积的数量。以后分户建房或现有房屋拆迁、改建、翻建或政府依法实施规划重新建设时，按当地政府规定的面积标准重新确定使用权，其超过部分退还集体。

第五十二条 空闲或房屋坍塌、拆除两年以上未恢复使用的宅基地，不确定土地使用权。已经确定使用权的，由集体报经县级人民政府批准，注销其土地登记，土地由集体收回。

🍃 4. 不动产登记暂行条例实施细则（节选）>>>

第四章 不动产权利登记

第一节 一般规定

第二十五条 市、县人民政府可以根据情况对本行政区域内未登记的不动产，组织开展集体土地所有权、宅基地使用权、集体建设用地使用权、土地承包经营权的首次登记。

依照前款规定办理首次登记所需的权属来源、调查等登记材料，由人民政府有关部门组织获取。

第四节 宅基地使用权及房屋所有权登记

第四十条 依法取得宅基地使用权，可以单独申请宅基地使用权登记。

依法利用宅基地建造住房及其附属设施的，可以申请宅基

使用权及房屋所有权登记。

第四十一条 申请宅基地使用权及房屋所有权首次登记的，应当根据不同情况，提交下列材料：

（一）申请人身份证和户口簿；

（二）不动产权属证书或者有批准权的人民政府批准用地的文件等权属来源材料；

（三）房屋符合规划或者建设的相关材料；

（四）权籍调查表、宗地图、房屋平面图以及宗地界址点坐标等有关不动产界址、面积等材料；

（五）其他必要材料。

第四十二条 因依法继承、分家析产、集体经济组织内部互换房屋等导致宅基地使用权及房屋所有权发生转移申请登记的，申请人应当根据不同情况，提交下列材料：

（一）不动产权属证书或者其他权属来源材料；

（二）依法继承的材料；

（三）分家析产的协议或者材料；

（四）集体经济组织内部互换房屋的协议；

（五）其他必要材料。

第四十三条 申请宅基地等集体土地上的建筑物区分所有权登记的，参照国有建设用地使用权及建筑物区分所有权的规定办理登记。

第五节 部门文件

🌿 1. 建设部关于贯彻《国务院关于深化改革严格土地管理的决定》的通知（节选）>>>

（建规〔2004〕185 号 2004 年 10 月 29 日）

五、强化村庄集镇建设和用地管理

（十九）加强对农村宅基地管理。新批村镇宅基地必须位于村庄、集镇规划区内，并符合村庄、集镇规划的安排。凡没有制定村庄、集镇规划或宅基地申请与村庄、集镇规划不符的，一律不得办理许可手续。已确定撤并的农村居民点内，不得批准进行新的建设。禁止多处申请宅基地。因实施农房建设，需申请批准新宅基地的，原有宅基地应当退回。农村住宅设计，不得突破当地规定的宅基地规划、建设标准。

◀ 2. 国土资源部印发《关于加强农村宅基地管理的意见》的通知>>>

国土资发〔2004〕234 号

各省、自治区、直辖市国土资源厅（国土环境资源厅、国土资源和房屋管理局、房屋土地资源管理局、规划和国土资源局），解放军土地管理局，新疆生产建设兵团国土资源局：

为认真贯彻落实《国务院关于深化改革严格土地管理的决定》（国发〔2004〕28 号，以下简称《决定》）精神，切实加强农村宅基地管理，部制定了《关于加强农村宅基地管理的意见》，并经第 9 次部务会议讨论通过，现予印发，请各地认真贯彻执行。

各省、自治区、直辖市国土资源管理部门要按照《决定》精神和本意见的要求，结合本地实际，抓紧制定和完善农村宅基地管理的具体办法，于 2005 年 3 月底前报部备案。

二〇〇四年十一月二日

关于加强农村宅基地管理的意见

为切实落实《国务院关于深化改革严格土地管理的决定》（国发〔2004〕28 号），进一步加强农村宅基地管理，正确引导农村村民住宅建设合理、节约使用土地，切实保护耕地，现提出以下意见：

一、严格实施规划，从严控制村镇建设用地规模

（一）抓紧完善乡（镇）土地利用总体规划。各地要结合土

地利用总体规划修编工作，抓紧编制完善乡（镇）土地利用总体规划，按照统筹安排城乡建设用地的总要求和控制增量、合理布局、集约用地、保护耕地的总原则，合理确定小城镇和农村居民点的数量、布局、范围和用地规模。经批准的乡（镇）土地利用总体规划，应当予以公告。

国土资源管理部门要积极配合有关部门，在已确定的村镇建设用地范围内，做好村镇建设规划。

（二）按规划从严控制村镇建设用地。各地要采取有效措施，引导农村村民住宅建设按规划、有计划地逐步向小城镇和中心村集中。对城市规划区内的农村村民住宅建设，应当集中兴建农民住宅小区，防止在城市建设中形成新的城中村，避免二次拆迁。对城市规划区范围外的农村村民住宅建设，按照城镇化和集约用地的要求，鼓励集中建设农民新村。在规划撤并的村庄范围内，除危房改造外，停止审批新建、重建、改建住宅。

（三）加强农村宅基地用地计划管理。农村宅基地占用农用地应纳入年度计划。省（区、市）在下达给各县（市）用于城乡建设占用农用地的年度计划指标中，可增设农村宅基地占用农用地的计划指标。农村宅基地占用农用地的计划指标应和农村建设用地整理新增加的耕地面积挂钩。县（市）国土资源管理部门对新增耕地面积检查、核定后，应在总的年度计划指标中优先分配等量的农用地转用指标用于农民住宅建设。

省级人民政府国土资源管理部门要加强对各县（市）农村宅基地占用农用地年度计划执行情况的监督检查，不得超计划批地。各县（市）每年年底应将农村宅基地占用农用地的计划执行情况报省级人民政府国土资源管理部门备案。

二、改革和完善宅基地审批制度，规范审批程序

（四）改革和完善农村宅基地审批管理办法。各省（区、市）要适应农民住宅建设的特点，按照严格管理，提高效率，便民利民的原则，改革农村村民建住宅占用农用地的审批办法。各县（市）可根据省（区、市）下达的农村宅基地占用农用地的计划

指标和农村村民住宅建设的实际需要，于每年年初一次性向省（区、市）或设区的市、自治州申请办理农用地转用审批手续，经依法批准后由县（市）按户逐宗批准供应宅基地。

对农村村民住宅建设利用村内空闲地、老宅基地和未利用土地的，由村、乡（镇）逐级审核，批量报县（市）批准后，由乡（镇）逐宗落实到户。

（五）严格宅基地申请条件。坚决贯彻一户一宅的法律规定。农村村民一户只能拥有一处宅基地，面积不得超过省（区、市）规定的标准。各地应结合本地实际，制定统一的农村宅基地面积标准和宅基地申请条件。不符合申请条件的不得批准宅基地。

农村村民将原有住房出卖、出租或赠与他人后，再申请宅基地的，不得批准。

（六）规范农村宅基地申请报批程序。农村村民建住宅需要使用宅基地的，应向本集体经济组织提出申请，并在本集体经济组织或村民小组张榜公布。公布期满无异议的，报经乡（镇）审核后，报县（市）审批。经依法批准的宅基地，农村集体经济组织或村民小组应及时将审批结果张榜公布。

各地要规范审批行为，健全公开办事制度，提供优质服务。县（市）、乡（镇）要将宅基地申请条件、申报审批程序、审批工作时限、审批权限等相关规定和年度用地计划向社会公告。

（七）健全宅基地管理制度。在宅基地审批过程中，乡（镇）国土资源管理所要做到三到场。即：受理宅基地申请后，要到实地审查申请人是否符合条件、拟用地是否符合规划等；宅基地经依法批准后，要到实地丈量批放宅基地；村民住宅建成后，要到实地检查是否按照批准的面积和要求使用土地。各地一律不得在宅基地审批中向农民收取新增建设用地土地有偿使用费。

（八）加强农村宅基地登记发证工作。市、县国土资源管理部门要加快农村宅基地土地登记发证工作，做到宅基地土地登记发证到户，内容规范清楚，切实维护农民的合法权益。要加强农村宅基地的变更登记工作，变更一宗，登记一宗，充分发挥地籍档案资料在宅基地监督管理上的作用，切实保障一户一宅法律制度的落实。要依法、及时调处宅基地权属争议，维护社会稳定。

三、积极推进农村建设用地整理，促进土地集约利用

（九）积极推进农村建设用地整理。县市和乡（镇）要根据土地利用总体规划，结合实施小城镇发展战略与村村通工程，科学制定和实施村庄改造、归并村庄整治计划，积极推进农村建设用地整理，提高城镇化水平和村镇土地集约利用水平，努力节约使用集体建设用地。农村建设用地整理，要按照规划先行、政策引导、村民自愿、多元投入的原则，按规划、有计划、循序渐进、积极稳妥地推进。

（十）加大盘活存量建设用地力度。各地要因地制宜地组织开展空心村和闲置宅基地、空置住宅、一户多宅的调查清理工作。制定消化利用的规划、计划和政策措施，加大盘活存量建设用地的力度。农村村民新建、改建、扩建住宅，要充分利用村内空闲地、老宅基地以及荒坡地、废弃地。凡村内有空闲地、老宅基地未利用的，不得批准占用耕地。利用村内空闲地、老宅基地建住宅的，也必须符合规划。对一户多宅和空置住宅，各地要制定激励措施，鼓励农民腾退多余宅基地。凡新建住宅后应退出旧宅基地的，要采取签订合同等措施，确保按期拆除旧房，交出旧宅基地。

（十一）加大对农村建设用地整理的投入。对农民宅基地占用的耕地，县（市）、乡（镇）应组织村集体经济组织或村民小组进行补充。省（区、市）及市、县应从用于农业土地开发的土地出让金、新增建设用地土地有偿使用费、耕地开垦费中拿出部分资金，用于增加耕地面积的农村建设用地整理，确保耕地面积不减少。

四、加强法制宣传教育，严格执法

（十二）加强土地法制和国策的宣传教育。各级国土资源管理部门要深入持久地开展宣传教育活动，广泛宣传土地国策国情和法规政策，提高干部群众遵守土地法律和珍惜土地的意识，增

强依法管地用地、集约用地和保护耕地的自觉性。

（十三）严格日常监管制度。各地要进一步健全和完善动态巡查制度，切实加强农村村民住宅建设用地的日常监管，及时发现和制止各类土地违法行为。要重点加强城乡结合部地区农村宅基地的监督管理。严禁城镇居民在农村购置宅基地，严禁为城镇居民在农村购买和违法建造的住宅发放土地使用证。

要强化乡（镇）国土资源管理机构和职能，充分发挥乡（镇）国土资源管理所在宅基地管理中的作用。积极探索防范土地违法行为的有效措施，充分发挥社会公众的监督作用。对严重违法行为，要公开曝光，用典型案例教育群众。

3. 国土资源部　财政部　农业部关于加快推进农村集体土地确权登记发证工作的通知（节选）>>>

（国土资发〔2011〕60号　2011年5月6日）

二、切实加快农村集体土地确权登记发证工作，强化成果应用

各地要认真落实中央1号文件精神，加快农村集体土地所有权、宅基地使用权、集体建设用地使用权等确权登记发证工作，力争到2012年底把全国范围内的农村集体土地所有权证确认到每个具有所有权的集体经济组织，做到农村集体土地确权登记发证全覆盖。

要按照土地总登记模式，集中人员、时间和地点开展工作，坚持依法依规、便民高效、因地制宜、急需优先和全面覆盖的原则，注重解决难点问题。

（一）完善相关政策。认真总结在农村集体土地确权登记发证工作方面的经验，围绕地籍调查、土地确权、争议调处、登记发证工作中存在的问题，深入研究，创新办法，细化和完善加快农村集体土地确权登记发证的政策。严禁通过土地登记将违法违规用地合法化。

（二）加快地籍调查。地籍调查是土地登记发证的前提，各

地要加快地籍调查，严格按照地籍调查有关规程规范的要求，开展农村集体土地所有权、宅基地使用权、集体建设用地使用权调查工作，查清农村每一宗土地的权属、界址、面积和用途等基本情况。有条件的地方要制作农村集体土地所有权地籍图，以大比例尺地籍调查为基础，制作农村集体土地使用权，特别是建设用地使用权、宅基地使用权地籍图。县级以上城镇以及有条件的一般建制镇、村庄，要建立地籍信息系统，将地籍调查成果上图入库，纳入规范化管理，在此基础上，开展土地总登记及初始登记和变更登记。建立地籍成果动态更新机制，以土地登记为切入点，动态更新地籍调查成果资料，保持调查成果的现势性，确保土地登记结果的准确性。

（三）加强争议调处。要及时调处土地权属争议，建立土地权属争议调处信息库，及时掌握集体土地所有权、宅基地使用权和集体建设用地使用权权属争议动态，有效化解争议，为确权创造条件。

（四）规范已有成果。结合全国土地登记规范化和土地权属争议调处检查工作，凡是农村集体土地所有权证没有确认到具有所有权的农民集体经济组织的，应当确认到具有所有权的农民集体经济组织；已经登记发证的宗地缺失档案资料以及不规范的，尽快补正完善；已经登记的宗地测量精度不够的，及时进行修补测；对于发现登记错误的，及时予以更正。

（五）加强信息化建设。把农村集体土地确权登记发证同地籍信息化建设结合起来，在应用现代信息技术加快确权登记发证的同时，一并将地籍档案数字化，实现确权登记发证成果的信息化管理。建设全国土地登记信息动态监管查询系统，逐步实现土地登记资料网上实时更新，动态管理，建立共享机制，全面提高地籍管理水平，大幅度提高地籍工作的社会化服务程度。

（六）强化证书应用。实行凭证管地用地制度。土地权利证书要发放到权利人手中，严禁以统一保管等名义扣留、延缓发放土地权利证书。各地根据当地实际，可以要求凡被征收的农村集体所有土地，在办理征地手续之前，必须完成农村集体土地确权登记发证，在征地拆迁时，要依据农村集体土地所有证和农村集体土地使用证进行补偿；凡是依法进入市场流转的经营性集体建设用地使用权，必须经过确权登记，做到产权明晰、四至清楚、没有纠纷，没有经过确权登记的集体建设用地使用权一律禁止流转；农用地流转需与集体土地所有权确权登记工作做好衔接，确保承包地流转前后的集体所有性质不改变，土地用途不改变，农民土地承包权益不受损害；对新农村建设和农村建设用地整治涉及宅基地调整的，必须以确权登记发证为前提。

充分发挥农村土地确权登记发证工作成果在规划、耕保、利用、执法等国土资源管理各个环节的基础作用。农村集体土地登记发证与集体建设用地流转、城乡建设用地增减挂钩、农用地流转、土地征收等各项重点工作挂钩。凡是到 2012 年底未按时完成农村集体土地所有权登记发证工作的，农转用、土地征收审批暂停，农村土地整治项目不予立项。

🌱 4. 国土资源部、中央农村工作领导小组办公室、财政部、农业部关于农村集体土地确权登记发证的若干意见 >>>

（国土资发〔2011〕178 号）

各省、自治区、直辖市及副省级城市国土资源主管部门、农办（农工部、农委、农工委、农牧办）、财政厅（局）、农业（农牧、农村经济）厅（局、委、办），新疆生产建设兵团国土资源局、财务局、农业局，解放军土地管理局：

为切实落实《中共中央 国务院关于加大统筹城乡发展力度进一步夯实农业农村发展基础的若干意见》（中发〔2010〕1号），国土资源部、财政部、农业部联合下发了《关于加快推进农村集体土地确权登记发证工作的通知》（国土资发〔2011〕60号），进一步规范和加快推进农村集体土地确权登记发证工作，现提出以下意见：

一、明确农村集体土地确权登记发证的范围

农村集体土地确权登记发证是对农村集体土地所有权和集体土地使用权等土地权利的确权登记发证。农村集体土地使用权包括宅基地使用权、集体建设用地使用权等。农村集体土地所有权确权登记发证要覆盖到全部农村范围内的集体土地，包括属于农民集体所有的建设用地、农用地和未利用地，不得遗漏。

二、依法依规开展农村集体土地确权登记发证工作

按照《中华人民共和国物权法》《中华人民共和国土地管理法》《土地登记办法》《土地权属争议调查处理办法》《确定土地所有权和使用权的若干规定》等有关法律政策文件以及地方性法规、规章的规定，本着尊重历史、注重现实、有利生产生活、促进社会和谐稳定的原则，在全国土地调查成果以及年度土地利用变更调查成果基础上，依法有序开展确权登记发证工作。

农村集体土地确权登记依据的文件资料包括：人民政府或者有关行政主管部门的批准文件、处理决定；县级以上人民政府国土资源行政主管部门的调解书；人民法院生效的判决、裁定或者调解书；当事人之间依法达成的协议；履行指界程序形成的地籍调查表、土地权属界线协议书等地籍调查成果；法律、法规等规定的其他文件等。

三、加快农村地籍调查工作

各地应以"权属合法、界址清楚、面积准确"为原则，依据《土地利用现状分类》（GB/T 21010—2007）、《集体土地所有权调查技术规定》《城镇地籍调查规程》等相关技术规定和标准，充分利用全国土地调查等已有成果，以大比例尺地籍调查成果为基础，查清农村每一宗土地的权属、界址、面积和用途（地类）等，按照统一的宗地编码模式，形成完善的地籍调查成果，为农村集体土地确权登记发证提供依据。同时，要注意做好变更地籍调查及变更登记，保持地籍成果的现势性。

凡有条件的地区，农村集体土地所有权宗地地籍调查应采用解析法实测界址点坐标并计算宗地面积；条件不具备的地区，可

以全国土地调查成果为基础，核实并确定权属界线，对界址走向进行详细描述，采用图上量算或数据库计算的方法计算宗地面积。农村集体土地所有权宗地图和地籍图比例尺不小于1：10 000。牧区等特殊地区在报经省级国土资源主管部门同意后，地籍图比例尺可以放宽至1：50 000。

宅基地使用权、集体建设用地使用权宗地地籍调查，应采用解析法实测界址点坐标和计算宗地面积，宗地图和地籍图比例尺不小于1：2 000。使用勘丈法等其他方法已发证的宅基地、集体建设用地，在变更登记时，应采用解析法重新测量并计算宗地面积。

四、把农村集体土地所有权确认到每个具有所有权的农民集体

确定农村集体土地所有权主体遵循"主体平等"和"村民自治"的原则，按照乡（镇）、村和村民小组农民集体三类所有权主体，将农村集体土地所有权确认到每个具有所有权的农民集体。凡是村民小组（原生产队）土地权属界线存在的，土地应确认给村民小组农民集体所有，发证到村民小组农民集体；对于村民小组（原生产队）土地权属界线不存在、并得到绝大多数村民认可的，应本着尊重历史、承认现实的原则，对这部分土地承认现状，明确由村农民集体所有；属于乡（镇）农民集体所有的，土地所有权应依法确认给乡（镇）农民集体。

属于村民小组集体所有的土地应当由其集体经济组织或村民小组依法申请登记并持有土地权利证书。对于村民小组组织机构不健全的，可以由村民委员会代为申请登记、保管土地权利证书。

涉及依法"合村并组"的，"合村并组"后土地所有权主体保持不变的，所有权仍然确权给原农民集体；"合村并组"后土地所有权主体发生变化、并得到绝大多数村民认可的，履行集体土地所有权变更的法定程序后，按照变化后的主体确定集体土地所有权，并在土地登记簿和土地证书上备注各原农民集体的土地面积。

涉及依法开展城乡建设用地增减挂钩试点和农村土地整治的，原则上应维持原有土地权属不变；依法调整土地的，按照调整协议确定集体土地权利归属，并依法及时办理土地变更登记手续。

对于"撤村建居"后，未征收的原集体土地，只调查统计，不登记发证。调查统计时在新建单位名称后载明原农民集体名称。

在土地登记簿的"权利人"和土地证书的"土地所有权人"一栏，集体土地所有权主体按"××组（村、乡）农民集体"填写。

五、依法明确农村集体土地所有权主体代表

属于村农民集体所有的，由村集体经济组织或者村民委员会受本农民集体成员的委托行使所有权；分别属于村内两个以上农民集体所有的，由村内各该集体经济组织或者村民小组代表集体行使所有权；属于乡镇农民集体所有的，由乡镇集体经济组织代表集体行使所有权；没有乡（镇）农民集体经济组织的，乡（镇）集体土地所有权由乡（镇）政府代管。在办理土地确权登记手续时，由农民集体所有权主体代表申请办理。

集体经济组织的具体要求和形式，可以由各省（区、市）根据本地有关规定和实际情况依法确定。

六、严格规范确认宅基地使用权主体

宅基地使用权应该按照当地省级人民政府规定的面积标准，依法确认给本农民集体成员。非本农民集体的农民，因地质灾害防治、新农村建设、移民安置等集中迁建，在符合当地规划的前提下，经本农民集体大多数成员同意并经有权机关批准异地建房的，可按规定确权登记发证。已拥有一处宅基地的本农民集体成员、非本农民集体成员的农村或城镇居民，因继承房屋占用农村宅基地的，可按规定登记发证，在《集体土地使用证》记事栏应注记"该权利人为本农民集体原成员住宅的合法继承人"。非农业户口居民（含华侨）原在农村合法取得的宅基地及房屋，房屋产权没有变化的，经该农民集体出具证明并公告无异议的，可依法办理土地登记，在《集体土地使用证》记事栏应注记"该权利人为非本农民集体成员"。

对于没有权属来源证明的宅基地，应当查明土地历史使用情况和现状，由村委会出具证明并公告30天无异议，经乡（镇）人民政府审核，报县级人民政府审定，属于合法使用的，确定宅基地使用权。

七、按照不同的历史阶段对超面积的宅基地进行确权登记发证

1982年《村镇建房用地管理条例》实施前，农村村民建房占用的宅基地，在《村镇建房用地管理条例》实施后至今未扩大用地面积的，可以按现有实际使用面积进行确权登记；1982年《村镇建房用地管理条例》实施起至1987年《土地管理法》实施时止，农村村民建房占用的宅基地，超过当地规定的面积标准的，超过部分按当时国家和地方有关规定处理后，可以按实际使用面积进行确权登记；1987年《土地管理法》实施后，农村村民建房占用的宅基地，超过当地规定的面积标准的，按照实际批准面积进行确权登记。其面积超过各地规定标准的，可在土地登记簿和土地权利证书记事栏内注明超过标准的面积，待以后分户建房或现有房屋拆迁、改建、翻建、政府依法实施规划重新建设时，按有关规定作出处理，并按照各地规定的面积标准重新进行确权登记。

八、认真做好集体建设用地的确权登记发证工作

村委会办公室、医疗教育卫生等公益事业和公共设施用地、乡镇企业用地及其他经依法批准用于非住宅建设的集体土地，应当依法进行确权登记发证，确认集体建设用地使用权。将集体土地使用权依法确认到每个权利主体。凡依法使用集体建设用地的单位或个人应申请确权登记。

对于没有权属来源证明的集体建设用地，应查明土地历史使用情况和现状，认定合法使用的，由村委会出具证明并公告30

天无异议的，经乡（镇）人民政府审核，报县级人民政府审批，确权登记发证。

九、妥善处理农村违法宅基地和集体建设用地问题

违法宅基地和集体建设用地必须依法依规处理后方可登记。对于违法宅基地和集体建设用地，应当查明土地历史使用情况和现状，对符合土地利用总体规划与村镇规划以及有关用地政策的，依法补办用地批准手续后，进行登记发证。

十、严格规范农村集体土地确权登记发证行为

结合全国土地登记规范化检查工作，全面加强土地登记规范化建设。严格禁止搞虚假土地登记，严格禁止对违法用地未经依法处理就登记发证。对于借户籍管理制度改革或者擅自通过"村改居"等方式非经法定征收程序将农民集体所有土地转为国有土地、农村集体经济组织非法出让或出租集体土地用于非农业建设、城镇居民在农村购置宅基地、农民住宅或"小产权房"等违法用地，不得登记发证。对于不依法依规进行土地确权登记发证或登记不规范造成严重后果的，严肃追究有关人员责任。

十一、加强土地权属争议调处

各地要从机构建设、队伍建设、经费保障、规范程序等各方面，切实采取有力措施，建立健全土地权属争议调处机制，妥善处理农村集体土地权属争议。

十二、规范完善已有土地登记资料

严格按照有关法律、法规和政策规定，全面核查整理和完善已有土地登记资料。凡是已经登记发证的宗地缺失资料以及不规范的，尽快补正完善；对于发现登记错误的，及时予以更正。各地要做好农村集体土地登记资料的收集整理工作，保证登记资料的全面、完整和规范。各地要进一步建立健全有关制度和标准，统一规范管理土地登记资料。

十三、推进农村集体土地登记信息化

要参照《城镇地籍数据库标准》（TD/T 1015—2007）等技术标准，积极推进农村集体土地登记数据库建设，进一步完善地

籍信息系统。在此基础上，稳步推进全国土地登记信息动态监管查询系统建设，提升土地监管能力和社会化服务水平，为参与宏观调控提供支撑，有效发挥土地登记成果资料服务经济社会发展的积极作用。

各省（区、市）可根据当地实际情况，细化制定农村集体土地确权登记的具体工作程序和政策。

国土资源部　中央农村工作领导小组办公室

财政部　　农业部

二〇一一年十一月九日

5. 国土资源部　财政部　住房和城乡建设部　农业部国家林业局关于进一步加快推进宅基地和集体建设用地使用权确权登记发证工作的通知 >>>

（国土资发〔2014〕101号）

各省、自治区、直辖市及副省级城市国土资源主管部门、财政厅（局）、住房城乡建设厅（建委、建交委）、农业（农牧、农村经济）厅（局、委、办）、林业厅（局）、新疆生产建设兵团国土资源局、财务局、建设局、农业局、林业局，解放军土地管理局：

为落实十八届三中全会关于"赋予农民更多财产权利，保障农户宅基地用益物权，改革完善农村宅基地制度；建立城乡统一的建设用地市场，在符合规划和用途管制前提下，允许集体经营性建设用地实行与国有土地同等入市、同权同价"改革精神，认真贯彻《关于全面深化农村改革　加快推进农业现代化的若干意见》（中发〔2014〕1号）和《2014年政府工作报告》，结合国家建立和实施不动产统一登记制度的有关要求，进一步加快推进宅基地和集体建设用地使用权确权登记发证工作，现将有关事项通知如下：

一、结合新形势，充分认识宅基地和集体建设用地使用权确权登记发证工作的重要意义

（一）加快推进宅基地和集体建设用地使用权确权登记发证

是维护农民合法权益，促进农村社会秩序和谐稳定的重要措施。宅基地和集体建设用地使用权是农民及农民集体重要的财产权利，直接关系到每个农户的切身利益，通过宅基地和集体建设用地确权登记发证，依法确认农民的宅基地和集体建设用地使用权，可以有效解决土地权属纠纷，化解农村社会矛盾，为农民维护土地权益提供有效保障，从而进一步夯实农业农村发展基础，促进农村社会秩序的稳定与和谐。

（二）宅基地和集体建设用地使用权确权登记发证是深化农村改革，促进城乡统筹发展的产权基础。通过加快推进宅基地和集体建设用地确权登记发证，使农民享有的宅基地和集体建设用地使用权依法得到法律的确认和保护，是改革完善宅基地制度，实行集体经营性建设用地与国有土地同等入市、同权同价，建立城乡统一的建设用地市场等农村改革的基础和前提，也为下一步赋予农民更多财产权利，促进城乡统筹发展提供了产权基础和法律依据。

（三）宅基地和集体建设用地使用权登记发证是建立实施不动产统一登记制度的基本内容。党的十八届二中全会和十二届全国人大一次会议审议通过的《国务院机构改革和职能转变方案》明确建立不动产统一登记制度，为避免增加群众负担，减少重复建设和资金浪费，在宅基地和集体建设用地使用权登记发证工作中将农房等集体建设用地上建筑物、构筑物一并纳入，有助于建立健全不动产登记制度，形成覆盖城乡房地一体的不动产登记体系，进一步提高政府行政效能和监管水平。

二、因地制宜，全面加快推进宅基地和集体建设用地使用权确权登记发证工作

各地要以登记发证为主线，因地制宜，采用符合实际的调查方法，将农房等集体建设用地上的建筑物、构筑物纳入工作范围，建立健全不动产统一登记制度，实现统一调查、统一确权登记、统一发证，力争尽快完成房地一体的全国农村宅基地和集体建设用地使用权确权登记发证工作。

（一）全面加快农村地籍调查，统筹推进农房等集体建设用地上的建筑物、构筑物补充调查工作。各地要以服务和支撑登记发证工作为切入点，兼顾集体建设用地流转、改革完善宅基地制度等土地制度改革、不动产统一登记建设的实际需要，按照《农村地籍和房屋调查技术方案（试行）》（见附件）的要求，积极稳妥推进本地区的农村地籍调查工作，并将农房等集体建设用地上的建筑物、构筑物纳入工作范围。

各地要统筹考虑基础条件、工作需求和经济技术可行性，避免重复投入，因事、因地、因物，审慎科学地选择符合本地区实际的调查方法。可按照"百衲衣"的方式，同一地区内采用多种不同调查方法开展工作，以满足登记发证工作的基本需要。

（二）制定和完善宅基地和集体建设用地使用权确权登记发证相关政策。各地要认真研究分析当前工作存在的问题，全面总结行之有效的经验和做法，在国土资发〔2011〕60 号、国土资发〔2011〕178 号及国家有关要求的基础上，根据本地实际，进一步细化农村宅基地和集体建设用地使用权确权登记发证的政策，积极探索，勇于突破，尽快出台或完善有关政策或指导意见，为推进工作提供政策支撑。

各地在制定政策或指导意见时，应以化解矛盾、应发尽发为原则，要坚持农村违法宅基地和集体建设用地必须依法补办用地批准手续后，方可进行登记发证。在权属调查和纠纷处理工作中，要充分发挥基层群众自治组织和农村集体经济组织的作用，建立健全农村土地权属纠纷调处工作机制，在登记发证工作中注重保护农村妇女土地权益，切实保护群众合法利益。

（三）进一步加快推进宅基地和集体建设用地使用权确权登记发证工作。各地要按照不动产统一登记制度建设和宅基地制度改革的要求，全面落实宅基地、集体建设用地使用权以及农房等集体建设用地上的建筑物、构筑物确权登记发证工作，做到应发尽发。要从工作现状出发，尽快制定或调整工作计划，将农房等集体建设用地上的建筑物、构筑物纳入工作范围，按年度细化工作目标、任务和措施，明确完成时限。在完成农村地籍调查和农房调查的基础上，省级国土资源主管部门要尽量选择房地合一的地区开展房地一体的登记发证试点，为全面铺开工作积累经验。

计划在 2014 年底完成宅基地和集体建设用地使用权确权登记发证的省（区、市），应根据实际情况尽快调整工作计划，增加农房调查等工作任务，并制定补充调查方案；做出新的调整，增加农房等集体建设用地上的建筑物、构筑物可能造成不利影响的，今年可以先按原计划继续推进，今后再逐步开展补充调查，或结合日常变更登记逐步补充完善房屋及附属设施信息。各省（区、市）应按照工作计划，积极推进确权登记发证工作，本级财政给予必要的支持。

（四）进一步加强登记规范化和信息化建设。已完成宅基地和集体建设用地使用权确权登记发证工作的省份，要进一步规范已有登记成果，提高成果质量。各地要继续推进农村集体土地登记信息化数据库建设，逐步建立数据库共享机制，实现数据实时更新，在满足现有工作需求基础上，统筹考虑与不动产统一登记制度信息化建设的衔接，实现登记发证成果的数字化管理和信息化应用。

三、采取有效措施，切实保障宅基地和集体建设用地使用权确权登记发证顺利进行

（一）加强组织领导。地方各级集体土地确权登记发证领导小组办公室继续负责本地区确权登记发证工作的组织和实施。根据《国务院办公厅关于落实中共中央国务院关于全面深化农村改革加快推进农业现代化的若干意见有关政策措施分工的通知》（国办函〔2014〕31 号）要求，相应增加或调整领导小组成员单位。依靠各级党委、政府，特别是市（县）党委、政府强有力的组织、协调和保障，各级国土资源部门要牵头负责，与同级财政、住建、农业、林业部门密切合作，确保宅基地和集体建设用地使用权确权登记发证工作积极稳妥、规范有序推进。严格执行已有工作机制和制度，认真落实月报季报等有关制度。省级国土

资源主管部门要在 2014 年 8 月 31 日前将相关工作计划报国土资源部备案。

（二）切实保障经费落实。相关地方政府要按照 2013 年、2014 年中发 1 号文件要求将确权登记颁证工作经费纳入财政预算，切实保障工作开展。

（三）加强正面宣传引导。各地应结合建立和实施不动产统一登记制度建设的要求，通过报纸、电视、广播、网络等媒体，加强宣传宅基地和集体建设用地使用权及农房等集体建设用地上的建筑物、构筑物确权登记发证工作的重要意义、工作目标和法律政策，争取广大农民群众和社会各界的理解支持，创造良好的舆论环境和工作氛围。

（四）加强督促指导及验收。全国加快推进农村集体土地确权登记发证工作领导小组办公室将继续实行"一省一策"、"分片包干"、"定期上报"等工作制度，加强督促检查，对工作进度缓慢、工作质量不高的地区，进行重点督导。省级国土资源主管部门应在本省（区、市）基本完成宅基地和集体建设用地使用权确权登记发证工作的基础上，对尚未完成工作任务的地区，进一步加强督促和指导，集中研究解决难题，限时完成工作目标，同时组织好验收总结，切实保证工作成果质量。

2014 年 8 月 1 日

6. 国土资源部关于进一步加快宅基地和集体建设用地确权登记发证有关问题的通知 >>>

（国土资发〔2016〕191 号　2016 年 12 月 16 日）

各省、自治区、直辖市国土资源主管部门，新疆生产建设兵团国土资源局：

《国土资源部　财政部　住房和城乡建设部　农业部　国家林业局关于进一步加快推进宅基地和集体建设用地使用权确权登记发证工作的通知》（国土资发〔2014〕101 号）印发以来，各地采取切实措施，大力推进农村宅基地和集体建设用地确权登记发证工作，取得了积极进展。但同时也遇到了一些问题，比如有的地方农村地籍调查工作基础薄弱，难以有效支撑和保障农村房地一体的不动产登记；有的地方只开展宅基地、集体建设用地调查，没有调查房屋及其他定着物；个别地方不动产统一登记发证后，仍然颁发老证；一些地方宅基地"一户多宅"、超占面积等问题比较严重，且时间跨度大，权源资料不全等，影响了不动产登记工作的整体进度。尤其是农村土地制度改革试点地区土地确权登记发证迟缓，直接影响了试点工作的顺利推进。为进一步加快农村宅基地和集体建设用地确权登记发证工作，有效支撑农村土地制度改革，现就有关问题通知如下：

一、颁发统一的不动产权证书

目前全国所有的市、县均已完成不动产统一登记职责机构整合，除西藏的部分市、县外，都已实现不动产登记"发新停旧"。农村宅基地和集体建设用地使用权以及房屋所有权是不动产统一登记的重要内容，各地要按照《不动产登记暂行条例》《不动产登记暂行条例实施细则》《不动产登记操作规范（试行）》等法规政策规定，颁发统一的不动产权证书。涉及设立抵押权、地役权或者办理预告登记、异议登记的，依法颁发不动产登记证明。

二、因地制宜开展房地一体的权籍调查

各地要开展房地一体的农村权籍调查，将农房等宅基地、集体建设用地上的定着物纳入工作范围。对于已完成农村地籍调查的宅基地、集体建设用地，应进一步核实完善地籍调查成果，补充开展房屋调查，形成满足登记要求的权籍调查成果。对于尚未开展农村地籍调查的宅基地、集体建设用地，应采用总调查的模式，由县级以上地方人民政府统一组织开展房地一体的权籍调查。农村权籍调查不得收费，不得增加农民负担。农村权籍调查中的房屋调查要执行《农村地籍和房屋调查技术方案（试行）》有关要求。条件不具备的，可采用简便易行的调查方法，通过描述方式调查记录房屋的权利人、建筑结构、层数等内容，实地指界并丈量房屋边长，简易计算房屋占地面积，形成满足登记要求的权籍调查成果。对于新型农村社区或多（高）层多户的，可通过实地丈量房屋边长和核实已有户型图等方式，计算房屋占地面积和建筑面积。

三、规范编制不动产单元代码

宅基地、集体建设用地和房屋等定着物应一并划定不动产单元，编制不动产单元代码。对于已完成宗地统一代码编制的，应以宗地为基础，补充房屋等定着物信息，形成不动产单元代码。对于未开展宗地统一代码编制或宗地统一代码不完备的，可在地籍区（子区）划分成果基础上，充分利用已有的影像图、地形图等数据资料，通过坐落、界址点坐标等信息预判宗地或房屋位置，补充开展权籍调查等方式，编制形成唯一的不动产单元代码。

四、公示权属调查结果

县级以上地方人民政府统一组织的宅基地、集体建设用地和房屋首次登记，权属调查成果要在本集体经济组织范围内公示。开展农村房地一体权籍调查时，不动产登记机构（国土资源主管部门）应将宅基地、集体建设用地和房屋的权属调查结果送达农村集体经济组织，并要求在村民会议或村民代表会议上说明，同时以张贴公告等形式公示权属调查结果。对于外出务工人员较多的地区，可通过电话、微信等方式将权属调查结果告知权利人及利害关系人。

五、结合实际依法处理"一户多宅"问题

宅基地使用权应按照"一户一宅"要求，原则上确权登记到"户"。符合当地分户建房条件未分户，但未经批准另行建房分开居住的，其新建房屋占用的宅基地符合相关规划，经本农民集体同意并公告无异议的，可按规定补办有关用地手续后，依法予以确权登记；未分开居住的，其实际使用的宅基地没有超过分户后建房用地合计面积标准的，依法按照实际使用面积予以确权登记。

六、分阶段依法处理宅基地超面积问题

农民集体成员经过批准建房占用宅基地的，按照批准面积予以确权登记。未履行批准手续建房占用宅基地的，按以下规定处理：1982 年《村镇建房用地管理条例》实施前，农民集体成员建房占用的宅基地，范围在《村镇建房用地管理条例》实施后至今未扩大的，无论是否超过其后当地规定面积标准，均按实际使用面积予以确权登记。1982 年《村镇建房用地管理条例》实施起至 1987 年《土地管理法》实施时止，农民集体成员建房占用的宅基地，超过当地规定面积标准的，超过面积按国家和地方有关规定处理的结果予以确权登记。1987 年《土地管理法》实施后，农民集体成员建房占用的宅基地，符合规划但超过当地面积标准的，在补办相关用地手续后，依法对标准面积予以确权登记，超占面积在登记簿和权属证书附记栏中注明。

历史上接受转让、赠与房屋占用的宅基地超过当地规定面积标准的，按照转让、赠与行为发生时对宅基地超面积标准的政策规定，予以确权登记。

七、依法确定非本农民集体成员合法取得的宅基地使用权

非本农民集体成员因扶贫搬迁、地质灾害防治、新农村建设、移民安置等按照政府统一规划和批准使用宅基地的，在退出原宅基地并注销登记后，依法确定新建房屋占用的宅基地使用权。

1982 年《村镇建房用地管理条例》实施前，非农业户口居民（含华侨）合法取得的宅基地或因合法取得房屋而占用的宅基地，范围在《村镇建房用地管理条例》实施后至今未扩大的，可按实际使用面积予以确权登记。1982 年《村镇建房用地管理条例》实施起至 1999 年《土地管理法》修订实施时止，非农业户口居民（含华侨）合法取得的宅基地或因合法取得房屋而占用的宅基地，按照批准面积予以确权登记，超过批准的面积在登记簿和权属证书附记栏中注明。

八、依法维护农村妇女和进城落户农民的宅基地权益

农村妇女作为家庭成员，其宅基地权益应记载到不动产登记簿及权属证书上。农村妇女因婚嫁离开原农民集体，取得新家庭宅基地使用权的，应依法予以确权登记，同时注销其原宅基地使用权。

农民进城落户后，其原合法取得的宅基地使用权应予以确权登记。

九、分阶段依法确定集体建设用地使用权

1987年《土地管理法》实施前，使用集体土地兴办乡（镇）村公益事业和公共设施，经所在乡（镇）人民政府审核后，可依法确定使用单位集体建设用地使用权。乡镇企业用地和其他经依法批准用于非住宅建设的集体土地，至今仍继续使用的，经所在农民集体同意，报乡（镇）人民政府审核后，依法确定使用单位集体建设用地使用权。1987年《土地管理法》实施后，乡（镇）村公益事业和公共设施用地、乡镇企业用地和其他经依法批准用于非住宅建设的集体土地，应当依据县级以上人民政府批准文件，确定使用单位集体建设用地使用权。

十、规范没有土地权属来源材料的宅基地、集体建设用地确权登记程序

对于没有权属来源材料的宅基地，应当查明土地历史使用情况和现状，由所在农民集体或村委会对宅基地使用权人、面积、四至范围等进行确认后，公告30天无异议，并出具证明，经乡（镇）人民政府审核，报县级人民政府审定，属于合法使用的，予以确权登记。

对于没有权属来源材料的集体建设用地，应当查明土地历史使用情况和现状，认定属于合法使用的，经所在农民集体同意，并公告30天无异议，经乡（镇）人民政府审核，报县级人民政府批准，予以确权登记。

7. 文化和旅游部等17部门关于印发《关于促进乡村旅游可持续发展的指导意见》的通知（节选）〉〉〉

（文旅资源发〔2018〕98号　2018年11月15日）

四、丰富文化内涵，提升产品品质

（十）丰富乡村旅游产品类型

对接旅游者观光、休闲、度假、康养、科普、文化体验等多

样化需求，促进传统乡村旅游产品升级，加快开发新型乡村旅游产品。结合现代农业发展，建设一批休闲农业精品园区、农业公园、农村产业融合发展示范园、田园综合体、农业庄园，探索发展休闲农业和乡村旅游新业态。结合乡村山地资源、森林资源、水域资源、地热冰雪资源等，发展森林观光、山地度假、水域休闲、冰雪娱乐、温泉养生等旅游产品。鼓励有条件地区，推进乡村旅游和中医药相结合，开发康养旅游产品。充分利用农村土地、闲置宅基地、闲置农房等资源，开发建设乡村民宿、养老等项目。依托当地自然和文化资源禀赋发展特色民宿，在文化传承和创意设计上实现提升，完善行业标准、提高服务水平、探索精准营销，避免盲目跟风和低端复制，引进多元投资主体，促进乡村民宿多样化、个性化、专业化发展。鼓励开发具有地方特色的服饰、手工艺品、农副土特产品、旅游纪念品等旅游商品。（文化和旅游部、发展改革委、农业农村部、生态环境部、自然资源部、体育总局、林草局按职责分工负责）

七、整合资金资源，强化要素保障

（十七）加强用地保障

各地应将乡村旅游项目建设用地纳入国土空间规划和年度土地利用计划统筹安排。在符合生态环境保护要求和相关规划的前提下，鼓励各地按照相关规定，盘活农村闲置建设用地资源，开展城乡建设用地增减挂钩，优化建设用地结构和布局，促进休闲农业和乡村旅游发展，提高土地节约集约利用水平。鼓励通过流转等方式取得属于文物建筑的农民房屋及宅基地使用权，统一保护开发利用。在充分保障农民宅基地用益物权的前提下，探索农村集体经济组织以出租、入股、合作等方式盘活利用闲置宅基地和农房，按照规划要求和用地标准，改造建设乡村旅游接待和活动场所。支持历史遗留工矿废弃地再利用、荒滩等未利用土地开发乡村旅游。（自然资源部、住房城乡建设部、生态环境部、农业农村部、林草局按职责分工负责）

8. 自然资源部办公厅关于加强村庄规划促进乡村振兴的通知（节选）>>>

（自然资办发〔2019〕35号　2019年5月29日）部、生态环境部、农业农村部、林草局按职责分工负责）

二、主要任务

（十）统筹农村住房布局。按照上位规划确定的农村居民点布局和建设用地管控要求，合理确定宅基地规模，划定宅基地建设范围，严格落实"一户一宅"。充分考虑当地建筑文化特色和居民生活习惯，因地制宜提出住宅的规划设计要求。

9. 自然资源部确权登记局关于进一步做好农村不动产确权登记工作的通知 >>>

（自然资登记函〔2019〕6号　2019年9月26日）

各省、自治区、直辖市自然资源主管部门：

为贯彻落实2014年以来中央1号文件有关要求和国家"十三五"规划有关目标任务，部先后印发了"国土资发〔2014〕101号""国土资发〔2016〕191号"等文件，明确工作要求和相关政策，各地加快推进房地一体的宅基地、集体建设用地等农村不动产确权登记工作，取得积极进展。但也存在一些地方对农村不动产确权登记工作目标不明确、工作重点不突出、权籍调查方法不切合实际、工作组织不力等问题，甚至个别地方还有等待观望情绪。为落实好2019年中央1号文件"加快推进宅基地使用权确权登记颁证工作，力争2020年基本完成"要求，现就有关事项通知如下：

一、明确农村不动产确权登记工作目标

到2020年底，完成全国农村不动产权籍调查，农村宅基地和集体建设用地登记颁证率90％以上，基本实现"应登尽登"，各级农村不动产登记数据库基本建成，初步实现数据汇交，农村不动产纳入不动产登记日常业务，基本实现不动产登记城乡全覆盖。

二、准确把握农村不动产确权登记工作重点

以未确权登记的宅基地和集体建设用地为工作重点，已完成房地一体权籍调查且具备登记条件的，要尽快完成房地一体的不动产登记；未开展权籍调查的，要尽快开展房地一体权籍调查，完成房地一体的不动产登记；已完成宅基地、集体建设用地地籍调查但没有

完成农房调查的，要尽快补充调查农房信息，完成房地一体的不动产登记。

已登记的农村宅基地、集体建设用地，按照"不变不换"原则，之前依法颁发的宅基地证、集体建设用地使用证等继续有效，不重新登记。不动产统一登记实施后已经组织完成房地一体权籍调查的，可以换发房地一体的不动产权证书。对于宅基地已登记、农房没有登记，群众有换发不动产权证意愿的，申请人可提交农房补充调查信息，向登记机构申请办理不动产登记。农村不动产流转、抵押的，以及各类农村改革试验、试点地区，应办理房地一体的不动产登记。

三、因地制宜开展农村不动产权籍调查

农村不动产权籍调查工作由县（市、区）政府统一组织，充分发动乡（镇）政府、村民自治组织、农村集体经济组织等基层力量，按照总调查的模式开展。要按照《农村不动产权籍调查工作指南》（见附件），坚持需求导向，统筹考虑现实基础条件、工作需求和经济技术可行性，以满足农村不动产确权登记需求为目标，因地制宜选择符合实际的权籍调查方法和技术路径。以宅基地和集体建设用地调查为工作重点，同一地区可采用多种不同调查方法，实现农村不动产权籍调查全覆盖。

四、依法依规办理农村不动产登记

各地要严格按照《不动产登记暂行条例》及其实施细则、《不动产操作规范（试行）》等法规规章规范和土地确权政策要求，做到"权属合法、界址清楚、面积准确"，依法确权，规范

登记，严禁通过不动产登记将农村违法用地合法化。

各地要在严格执行宅基地"一户一宅"、面积标准等政策基础上，因地制宜、积极稳妥化解历史遗留问题。针对"一户多宅"、缺少土地权属来源材料、超占面积等问题，按照"国土资发〔2011〕178号""国土资发〔2016〕191号"等政策文件规定处理。对于符合农村一二三产业融合发展要求的农村宅基地混合用途但符合"一户一宅"的，原则上按宅基地用途认定。对于农村不动产登记涉及继承、分家析产、婚姻变化等问题，可采取政府购买服务、行政调解等方式，综合运用司法公证、律师鉴证等方式解决，不得增加群众负担。对合法取得但没有规划条件的宅基地上的农房，属于《城乡规划法》实施前建设的，办理登记时可不提供房屋符合规划或建设的相关材料；属于《城乡规划法》实施后建设的，经村委会公告15天无异议的，可不提供房屋符合规划或建设的相关材料。

五、规范农村不动产确权登记资料管理

各地要及时收集、整理、完善农村不动产登记资料，以市、县为单位，做到统一管理和保存。要加强农村不动产登记信息化建设，将各历史阶段采取图解法、勘丈法等形成的各类图、表、卡、册等权籍调查成果和确权登记资料数字化处理，按照有关标准规范建设农村不动产权籍调查数据库，实现成果数字化管理和信息化应用，与不动产登记信息平台实现对接，做到数据能入库、可查询。建立健全农村不动产登记数据日常更新管理机制，做好数据日常更新与维护，2020年底基本实现全国、省级、市级、县级自下而上逐级汇交。

六、切实加强农村不动产确权登记工作组织实施

（一）加强组织领导。地方各级自然资源主管部门要履职尽责，提请地方政府将农村不动产确权登记列入政府工作目标任务，给予经费保障；同时加强组织协调，建立工作机制，动员农民群众积极参与，做好组织实施工作。条件允许的地区，将不动产登记收件网点延伸到乡、到村，集中受理登记申请。

（二）建立工作台账。各级自然资源主管部门在摸清宅基地和集体建设用地的宗数和面积、已登记的数量等基本情况基础上，建立工作台账，实行挂账管理。省级自然资源主管部门要制定工作方案，结合地方实际完善相关政策，指导督促市、县具体落实。各省（自治区、直辖市）工作方案应于10月底前报部登记局。

（三）完善月报制度。完善并严格实施农村不动产确权登记工作进度月报制度，地方自然资源主管部门每月末填报工作进度表，逐级汇总上报。部登记局继续采取"一省一策""分片包干"等方式进行指导监督，并对重点省份开展专项检查指导。对工作推进不力、进度滞后的将予以通报。

（四）强化宣传培训。各地要采取多种形式，加强工作宣传、政策解读和业务培训，宣传农村不动产确权登记的重要意义和政策要求，提高农民群众主动配合和积极申请办理不动产登记的积极性，保障工作顺利推进。

10. 农业农村部关于积极稳妥开展农村闲置宅基地和闲置住宅盘活利用工作的通知 >>>

各省、自治区、直辖市、计划单列市农业农村（农牧）厅（局、委），新疆生产建设兵团农业农村局：

农村宅基地和住宅是农民的基本生活资料和重要财产，也是农村发展的重要资源。近年来，随着城镇化快速推进，农业转移人口数量不断增加，农村宅基地和住宅闲置浪费问题日益突出。积极稳妥开展农村闲置宅基地和闲置住宅盘活利用工作，对于增加农民收入、促进城乡融合发展和推动乡村振兴具有重要意义。为确保此项工作有序实施、落到实处、惠及农民，现就有关要求通知如下。

一、总体要求

积极稳妥开展农村闲置宅基地和闲置住宅盘活利用工作，要以习近平新时代中国特色社会主义思想为指导，全面贯彻党的十九大和十九届二中、三中全会精神，以提高农村土地资源利用效率、增加农民收入为目标，在依法维护农民宅基地合法权益和严格规范宅基地管理的基础上，探索盘活利用农村闲置宅基地和闲置住宅的有效途径和政策措施，为激发乡村发展活力、促进乡村振兴提供有力支撑。

积极稳妥开展农村闲置宅基地和闲置住宅盘活利用工作，要突出服务乡村振兴。紧紧围绕实施乡村振兴战略，着眼乡村产业发展需求，推动美丽乡村建设。要守住盘活利用底线。严守土地公有制性质不改变、耕地红线不突破、农民利益不受损的底线，符合国家和地方关于宅基地管理、国土空间规划、用途管制、市场监管和传统村落保护等法律法规和政策。要坚持农民主体地位。充分尊重农民意愿，调动农民参与的积极性和主动性，切实保护农民合法权益，千方百计增加农民收入。要注重规划先行要求。与村庄规划相衔接，与乡村产业发展规划相匹配，遵守安全消防规定，符合环保卫生要求，注重绿色发展。要发挥基层首创精神。支持地方大胆创新、积极探索，不搞"一刀切"，不得强迫命令。

二、重点工作

（一）因地制宜选择盘活利用模式。各地要统筹考虑区位条件、资源禀赋、环境容量、产业基础和历史文化传承，选择适合本地实际的农村闲置宅基地和闲置住宅盘活利用模式。鼓励利用闲置住宅发展符合乡村特点的休闲农业、乡村旅游、餐饮民宿、文化体验、创意办公、电子商务等新产业新业态，以及农产品冷链、初加工、仓储等一二三产业融合发展项目。支持采取整理、复垦、复绿等方式，开展农村闲置宅基地整治，依法依规利用城乡建设用地增减挂钩、集体经营性建设用地入市等政策，为农民建房、乡村建设和产业发展等提供土地等要素保障。

（二）支持培育盘活利用主体。在充分保障农民宅基地合法权益的前提下，支持农村集体经济组织及其成员采取自营、出租、入股、合作等多种方式盘活利用农村闲置宅基地和闲置住宅。鼓励有一定经济实力的农村集体经济组织对闲置宅基地和闲置住宅进行统一盘活利用。支持返乡人员依托自有和闲置住宅发展适合的乡村产业项目。引导有实力、有意愿、有责任的企业有序参与盘活利用工作。依法保护各类主体的合法权益，推动形成多方参与、合作共赢的良好局面。

（三）鼓励创新盘活利用机制。支持各地统筹安排相关资金，用于农村闲置宅基地和闲置住宅盘活利用奖励、补助等。条件成熟时，研究发行地方政府专项债券支持农村闲置宅基地和闲置住宅盘活利用项目。推动金融信贷产品和服务创新，为农村闲置宅基地和闲置住宅盘活利用提供支持。结合乡村旅游大会、农业嘉年华、农博会等活动，向社会推介农村闲置宅基地和闲置住宅资源。

（四）稳妥推进盘活利用示范。各地要结合实际，选择一批地方党委政府重视、农村集体经济组织健全、农村宅基地管理规范、乡村产业发展有基础、农民群众积极性高的地区，有序开展农村闲置宅基地和闲置住宅盘活利用试点示范。突出乡村产业特色，整合资源创建一批民宿（农家乐）集中村、乡村旅游目的地、家庭工场、手工作坊等盘活利用样板。总结一批可复制、可推广的经验模式，探索一套规范、高效的运行机制和管理制度，以点带面、逐步推开。

（五）依法规范盘活利用行为。各地要进一步加强宅基地管理，对利用方式、经营产业、租赁期限、流转对象等进行规范，防止侵占耕地、大拆大建、违规开发，确保盘活利用的农村闲置宅基地和闲置住宅依法取得、权属清晰。要坚决守住法律和政策底线，不得违法违规买卖或变相买卖宅基地，严格禁止下乡利用农村宅基地建设别墅大院和私人会馆。要切实维护农民权益，不得以各种名义违背农民意愿强制流转宅基地和强迫农民"上楼"，不得违法收回农户合法取得的宅基地，不得以退出宅基地作为农民进城落户的条件。对利用闲置住宅发展民宿等项目，要按照2018年中央1号文件要求，尽快研究和推动出台消防、特种行业经营等领域便利市场准入、加强事中事后监管的措施。

三、保障措施

（一）强化组织领导。各地要高度重视农村闲置宅基地和闲置住宅盘活利用工作，加强统筹领导，搞好指导服务，强化部门协调，形成工作合力。要根据本地实际制定具体实施方案、操作细则和配套政策，进一步明确目标任务、主要内容和重点措施，确保盘活利用工作取得实效。

（二）强化政策扶持。各地要认真落实党中央、国务院关于乡村振兴、城乡融合发展、返乡下乡人员创业创新等文件要求，完善适合本地实际的农村闲置宅基地和闲置住宅盘活利用政策，出台扶持措施，简化市场准入，优化登记、备案等手续。要推动做好村庄规划编制、房地一体的宅基地使用权确权登记颁证、农村宅基地和农房调查、农村人居环境整治等基础工作，为盘活利用工作创造有利条件。

（三）强化宣传引导。各地要依托报刊、电视、网络、微博、微信、新闻客户端等媒体，深入宣传和解读农村闲置宅基地和闲置住宅利用法律法规和政策。要组织开展农村闲置宅基地和闲置住宅盘活利用典型案例征集推介活动，宣传盘活利用工作中涌现出的典型，营造良好的社会舆论氛围。

农业农村部

2019 年 9 月 30 日

🌱 11. 农业农村部　自然资源部关于规范农村宅基地审批管理的通知 >>>

农经发〔2019〕6 号

各省、自治区、直辖市农业农村（农牧）厅（局、委）、自然资源主管部门，新疆生产建设兵团农业农村局、自然资源局：

为贯彻党和国家机构改革精神，落实新修订的土地管理法有关要求，深化"放管服"改革，进一步加强部门协作配合，落实属地管理责任，现就规范农村宅基地用地建房申请审批有关事项通知如下。

一、切实履行部门职责

农村宅基地用地建房审批管理事关亿万农民居住权益，涉及农业农村、自然资源等部门。各级农业农村、自然资源部门要增强责任意识和服务意识，按照部门职能和国务院"放管服"改革要求，在党委政府的统一领导下，切实履行各自职责。农业农村部门负责农村宅基地改革和管理工作，建立健全宅基地分配、使用、流转、违法用地查处等管理制度，完善宅基地用地标准，指导宅基地合理布局、闲置宅基地和闲置农房利用；组织开展农村宅基地现状和需求情况统计调查，及时将农民建房新增建设用地需求通报同级自然资源部门；参与编制国土空间规划和村庄规划。自然资源部门负责国土空间规划、土地利用计划和规划许可等工作，在国土空间规划中统筹安排宅基地用地规模和布局，满足合理的宅基地需求，依法办理农用地转用审批和规划许可等相关手续。各级农业农村、自然资源部门要建立部门协调机制，做好信息共享互通，推进管理重心下沉，共同做好农村宅基地审批和建房规划许可管理工作。

二、依法规范农村宅基地审批和建房规划许可管理

农村村民住宅用地，由乡镇政府审核批准；其中，涉及占用农用地的，依照《土地管理法》第四十四条的规定办理农用地转用审批手续。乡镇政府要切实履行属地责任，优化审批流程，提高审批效率，加强事中事后监管，组织做好农村宅基地审批和建房规划许可有关工作，为农民提供便捷高效的服务。

（一）明确申请审查程序

符合宅基地申请条件的农户，以户为单位向所在村民小组提出宅基地和建房（规划许可）书面申请。村民小组收到申请后，应提交村民小组会议讨论，并将申请理由、拟用地位置和面积、拟建房层高和面积等情况在本小组范围内公示。公示无异议或异议不成立的，村民小组将农户申请、村民小组会议记录等材料交村集体经济组织或村民委员会（以下简称村级组织）审查。村级

组织重点审查提交的材料是否真实有效、拟用地建房是否符合村庄规划、是否征求了用地建房相邻权利人意见等。审查通过的，由村级组织签署意见，报送乡镇政府。没有分设村民小组或宅基地和建房申请等事项已统一由村级组织办理的，农户直接向村级组织提出申请，经村民代表会议讨论通过并在本集体经济组织范围内公示后，由村级组织签署意见，报送乡镇政府。

（二）完善审核批准机制

市、县人民政府有关部门要加强对宅基地审批和建房规划许可有关工作的指导，乡镇政府要探索建立一个窗口对外受理、多部门内部联动运行的农村宅基地用地建房联审联办制度，方便农民群众办事。公布办理流程和要件，明确农业农村、自然资源等有关部门在材料审核、现场勘查等各环节的工作职责和办理期限。审批工作中，农业农村部门负责审查申请人是否符合申请条件、拟用地是否符合宅基地合理布局要求和面积标准、宅基地和建房（规划许可）申请是否经过村组审核公示等，并综合各有关部门意见提出审批建议。自然资源部门负责审查用地建房是否符合国土空间规划、用途管制要求，其中涉及占用农用地的，应在办理农用地转用审批手续后，核发乡村建设规划许可证；在乡、村庄规划区内使用原有宅基地进行农村村民住宅建设的，可按照本省（区、市）有关规定办理规划许可。涉及林业、水利、电力等部门的要及时征求意见。

根据各部门联审结果，由乡镇政府对农民宅基地申请进行审批，出具《农村宅基地批准书》，鼓励地方将乡村建设规划许可证由乡镇一并发放，并以适当方式公开。乡镇要建立宅基地用地建房审批管理台账，有关资料归档留存，并及时将审批情况报县级农业农村、自然资源等部门备案。

（三）严格用地建房全过程管理

全面落实"三到场"要求。收到宅基地和建房（规划许可）申请后，乡镇政府要及时组织农业农村、自然资源部门实地审查申请人是否符合条件、拟用地是否符合规划和地类等。经批准用地建房的农户，应当在开工前向乡镇政府或授权的牵头部门申请划定宅基地用地范围，乡镇政府及时组织农业农村、自然资源等部门到现场进行开工查验，实地丈量批放宅基地，确定建房位置。农户建房完工后，乡镇政府组织相关部门进行验收，实地检查农户是否按照批准面积、四至等要求使用宅基地，是否按照批准面积和规划要求建设住房，并出具《农村宅基地和建房（规划许可）验收意见表》。通过验收的农户，可以向不动产登记部门申请办理不动产登记。各地要依法组织开展农村用地建房动态巡查，及时发现和处置涉及宅基地使用和建房规划的各类违法违规行为。指导村级组织完善宅基地民主管理程序，探索设立村级宅基地协管员。

三、工作要求

各级农业农村、自然资源部门和县乡政府要切实履职尽责，有序开展工作，确保农民住宅建设用地供应、宅基地分配、农民建房规划管理等工作的连续性和稳定性。

（一）建立共同责任机制

按照部省指导、市县主导、乡镇主责、村级主体的要求，各地要建立健全农村宅基地管理机制。省级农业农村、自然资源等部门要主动入位，加强制度建设，完善相关政策，指导和督促基层开展工作。市县政府要加强组织领导，统筹组织协调相关部门、乡镇政府、村级组织依法履行职责。乡镇政府要充实力量，健全机构，切实承担起宅基地审批和管理职责。村级组织要健全宅基地申请审核有关制度，确保宅基地分配使用公开、公平、公正。

（二）优化细化工作流程

各地要对现行宅基地审批和建房规划许可办事指南、申请表单、申报材料清单等进行梳理，参照附件表单（附件1-6），结合本地实际进一步简化和规范申报材料，抓紧细化优化审批流程和办事指南。要加快信息化建设，逐步实现宅基地用地和建房规划许可数字化管理。

（三）严肃工作纪律

坚决杜绝推诿扯皮和不作为、乱作为的现象，防止出现工作"断层""断档"。对工作不力、玩忽职守、滥用职权、徇私舞弊的，要依法严肃追责。

附件：1. 农村宅基地和建房（规划许可）申请表

2. 农村宅基地使用承诺书

3. 农村宅基地和建房（规划许可）审批表

4. 乡村建设规划许可证

5. 农村宅基地批准书

6. 农村宅基地和建房（规划许可）验收意见表

🌱 12. 自然资源部关于加快宅基地和集体建设用地使用权确权登记工作的通知 >>>

自然资发〔2020〕84 号（2020.5.14）

各省、自治区、直辖市自然资源主管部门：

2020 年底基本完成宅基地和集体建设用地使用权确权登记工作，是党中央部署的一项重要任务。近年来，各地按照党中央部署，稳步推进，取得了积极进展。但全国宅基地数量大、情况复杂，一些地方还存在农村地籍调查基础薄弱、登记资料管理不规范和信息化程度低等问题。尤其受新冠肺炎疫情影响，部分地方推进工作受阻，增加了按时完成任务的难度。为确保今年底完成党中央部署的这项任务，现就有关事项通知如下：

一、准确把握工作重点，坚持不变不换

各地要以未确权登记的宅基地和集体建设用地为工作重点，按照不动产统一登记要求，加快地籍调查，对符合登记条件的办理房地一体不动产登记。坚持不变不换原则，不动产统一登记制度实施前，各历史阶段颁发的宅基地和集体建设用地使用权证书继续有效，对有房地一体不动产登记需求的，完成地上房屋补充调查后办理登记。

二、因地制宜，加快开展地籍调查

各地要加快地籍调查，全面查清宅基地和集体建设用地底数，对已调查登记、已调查未登记、应登记未登记、不能登记等情况要清晰掌握。正在开展地籍调查的，要加快推进调查和确权登记工作。尚未开展地籍调查的，要按照《地籍调查规程》《农村不动产权籍调查工作指南》等，因地制宜抓紧开展，形成满足确权登记需要的房地一体地籍调查成果。

各地可采取积极灵活的方式，完成宅基地和集体建设用地权属调查。对权利人因外出等原因无法实地指界的，可采取委托代理人代办、"先承诺、后补签"或网络视频确认等方式进行。要结合本地实际，选取合适的地籍测绘技术方法。有条件或靠近城镇的，可采用解析法。不具备条件的，可利用现势性强的国土三调、农村土地承包经营权登记等形成的航空或高分辨率卫星遥感正射影像图，采用图解法获取界址、面积等信息。对暂不具备解析法和图解法条件的，可由市、县自然资源主管部门会同村委会组织人员，利用"国土调查云"软件结合勘丈法进行地籍测绘。

地籍调查成果通过验收后，应及时纳入不动产登记信息管理基础平台的地籍数据库进行统一管理，支撑不动产登记及相关管理工作。

三、积极化解疑难问题，依法依规办理登记

各地要认真落实《国土资源部　中央农村工作领导小组办公室　财政部　农业部关于农村集体土地确权登记发证的若干意见》（国土资发〔2011〕178号）、《国土资源部　财政部　住房和城乡建设部　农业部　国家林业局关于进一步加快推进宅基地和集体建设用地使用权确权登记发证工作的通知》（国土资发〔2014〕101号）、《国土资源部关于进一步加快宅基地和集体建设用地确权登记发证有关问题的通知》（国土资发〔2016〕191号）等文件要求，充分发挥乡村基层组织作用，推动解决宅基地"一户多宅"、缺少权属来源材料、超占面积、权利主体认定等问题，按照房地一体要求，统一确权登记、统一颁发证书，努力提高登记率。市、县自然资源主管部门可会同乡（镇）人民政府、村委会，组织群众以行政村为单位，统一申请登记，实现批量受理、集中办证。

对合法宅基地上房屋没有符合规划或建设相关材料的，地方已出台相关规定，按其规定办理。未出台相关规定，位于原城市、镇规划区内的，出具规划意见后办理登记。位于原城市、镇规划区外且在《城乡规划法》实施前建设的，在办理登记时可不提交符合规划或建设的相关材料；在《城乡规划法》实施后建设的，由村委会公告 15 天无异议，经乡（镇）人民政府审核后，按照审核结果办理登记。对乱占耕地建房、违反生态保护红线管控要求建房、城镇居民非法购买宅基地、小产权房等，不得办理登记，不得通过登记将违法用地合法化。

四、充分利用信息系统登记，扎实做好成果入库和整合汇交

各地要通过不动产登记系统，办理房地一体的宅基地和集体建设用地使用权登记。要充分运用信息化手段规范登记簿填写、审核和校验，确保登记簿内容全面、规范。因已有资料不详、确实无法填写的个别字段可填写斜杠"/"，并在备注栏内注明原因。在完成登簿的同时，将登记结果信息实时上传省级和国家级不动产登记信息管理基础平台。

各地要加快已有宅基地和集体建设用地及房屋登记资料清理整合和汇交入库。对原有数据不规范或不完整的，应尽快开展不动产单元代码补编等规范完善工作。对原有纸质登记资料尚未数字化的，要通过扫描、拍照等方式进行数字化处理。对缺少空间坐标信息的，可利用高分辨率正射影像图，完成图形矢量化，编制地籍图，并将登记信息图形数据和属性数据关联，完善数据库；也可通过"国土调查云"软件勾绘宗地位置，补充界址点坐标等信息，或采取标注"院落中心点"作为宗地位置，录入权利人等属性信息，并在宗地图上注明"此图根据登记资料在正射影像图上标绘形成"。

各省级自然资源主管部门要将完成数据整合的农村地籍调查和不动产登记成果，以县（市、区）为单位，完成一个汇交一

个，逐级汇交至国家级不动产登记信息管理基础平台。2021年底前，全国所有县（市、区）要完成汇交工作。

五、加强组织实施，统筹协调推进

地方各级自然资源主管部门要进一步提高政治站位，在地方政府领导下，压实工作责任，强化部门协作，积极争取工作经费，严格执行工作计划，加强组织实施，切实做好宣传发动、技术指导、业务培训、成果审核及入库汇交等，加快推进宅基地和集体建设用地使用权确权登记工作。

各地要充分发挥确权登记对农村土地管理改革的基础支撑作用，将宅基地和集体建设用地使用权确权登记与集体经营性建设用地入市、城乡建设用地增减挂钩、全域土地综合整治、宅基地制度改革等有机结合，统筹推进相关工作。

各省级自然资源主管部门要加强工作调度，严格落实月报制度，掌握真实的工作进展情况，及时研究解决遇到的问题。部将适时对各省（自治区、直辖市）宅基地和集体建设用地使用权确权登记工作进度进行通报、督导。

自然资源部

2020 年 5 月 14 日

图书在版编目（CIP）数据

农村宅基地知识一本通 /《农村宅基地知识一本通》
编写组编. —北京：中国农业出版社，2021.1（2021.12重印）
ISBN 978-7-109-27760-1

Ⅰ. ①农… Ⅱ. ①农… Ⅲ. ①农村—住宅建设—土地
管理法—基本知识—中国 Ⅳ. ①D922.32

中国版本图书馆 CIP 数据核字（2021）第 005027 号

农村宅基地知识一本通
NONGCUN ZHAIJIDI ZHISHI YIBENTONG

中国农业出版社出版
地址：北京市朝阳区麦子店街 18 号楼
邮编：100125
责任编辑：王庆宁　吕　睿
版式设计：王　晨　责任校对：吴丽婷
印刷：北京通州皇家印刷厂
版次：2021 年 1 月第 1 版
印次：2021 年 12 月北京第 7 次印刷
发行：新华书店北京发行所
开本：880mm×1230mm　1/32
印张：6.25
字数：300 千字
定价：23.00 元